五大发展理念的宿州实践

WUDA FAZHAN LINIAN DE SUZHOU SHIJIAN

本书编写组

合肥工业大学出版社

图书在版编目(CIP)数据

五大发展理念的宿州实践/孟伟,李励主编．—合肥:合肥工业大学出版社,2018．8

ISBN 978－7－5650－4096－2

Ⅰ．①五…　Ⅱ．①孟…②李…　Ⅲ．①区域经济发展—研究—宿州　Ⅳ．①F127．543

中国版本图书馆 CIP 数据核字(2018)第 196301 号

五大发展理念的宿州实践

孟　伟　李　励　主编　　　　责任编辑　朱移山

出　版	合肥工业大学出版社	版　次	2018 年 8 月第 1 版
地　址	合肥市屯溪路 193 号	印　次	2018 年 8 月第 1 次印刷
邮　编	230009	开　本	710 毫米×1010 毫米　1/16
电　话	人文编辑部:0551－62903310	印　张	11．5　　彩　插　0．5 印张
	市场营销部:0551－62903198	字　数	182 千字
网　址	www．hfutpress．com．cn	印　刷	安徽联众印刷有限公司
E-mail	hfutpress@163．com	发　行	全国新华书店

ISBN 978－7－5650－4096－2　　　　定价：48．00 元

本书编写组

主　编　孟　伟　李　励

副主编　陈月芳　王亚玄　胡　强

　　　　　柳建国　王秀荣　吴　振

成　员　（按姓氏笔画排序）

　　　　　付文学　冯　虎　任百成

　　　　　宋远见　宋满亚　张　凯

　　　　　陈　晨　房　建　梁西德

　　　　　窦祥铭

华为 · 宿州云计算产业高峰论坛签约仪式

宿州市与华为公司打造云计算数据中心合作协议签字仪式

安徽省委书记李锦斌视察市高新区云计算产业基地

安徽省委书记李锦斌向国家千人计划、
中科大博导乔新华了解新材云计算情况

宿州海关开关揭牌仪式

第六届淮海经济区核心区城市市长会议在宿州召开

上海张江久有萧县高新技术产业示范基地揭牌仪式

第六届（2017）中国制鞋产业发展高层论坛启动仪式

安徽省委书记李锦斌在宿州市萧县新庄镇陈庄易地扶贫搬迁安置点走访搬迁户

宿州市长杨军与摩尔签署宿州市与高贵林港市友好交流协议

宿州市城市基层党建工作座谈会

乡贤调解心结化开

序

夏春涛

中国社会科学院近代史研究所党委书记　研究员　博士生导师

“十三五”时期是全面建成小康社会的决胜阶段。党的十八届五中全会专门就“十三五”时期经济社会发展进行谋划和部署，提出了创新、协调、绿色、开放、共享五大发展理念。这五大发展理念的提出，意义十分重大。正如习近平总书记在五中全会上所说：“这五大发展理念，是‘十三五’乃至更长时期我国发展思路、发展方向、发展着力点的集中体现，也是改革开放30多年来我国发展经验的集中体现，反映出我们党对我国发展规律的新认识。”全会通过的《中共中央关于制定国民经济和社会发展第十三个五年规划的建议》也明确指出，“实现‘十三五’时期发展目标，破解发展难题，厚植发展优势，必须牢固树立创新、协调、绿色、开放、共享的发展理念”；“坚持创新发展、协调发展、绿色发展、开放发展、共享发展，是关系我国发展全局的一场深刻变革”。总之，五大发展理念将目标导向和问题导向相统一，极大地丰富和发展了科学发展观，在关于发展的理论和实践上有新突破，从一个侧面反映了十八大以来我们党围绕治国理政进行的新思考新探索新实践，标志着建设中国特色社会主义的实践提升到了一个新境界，我们党对我国发展规律的认识达到了一个新高度。

宿州市地处安徽省最北部，党的十八大以来，坚持以人民为中心，以新发展理念为统领，以供给侧结构性改革为主线，以实施“五大发展行动”为总抓手，深入实施新型工业化、深度城镇化、农业现代化“三大战略”，全力打好农业产业化、环境保护、脱贫攻坚“三大战役”，全面推动经济发展质量、效率、动力“三大变革”，认真践行创新、协调、绿色、开放、共享五大发展理念，自强不息、勇立潮头，走出了欠发达地区践行五大发展理念的实践新路。

宿州市委党校为充分发挥在市委、市政府决策中的“思想库”作用，依托习近平总书记系列重要讲话研究中心和宿州市市情研究中心（以下简称“两个中心”），及时跟进市委、市政府中心工作，围绕宿州践行五大新发展理念开展研究，努力开辟科研咨政工作新路，形成了《五大发展理念的宿州实践》这一理论成果。

一是谋划早。宿州市委党校“两个中心”成立伊始，根据时任市委主要负责同志“党校可成立习近平总书记系列重要讲话研究机构，集中社科研究力量，推出高质量研究成果”的指示，认真谋划，重点针对宿州市贯彻落实习近平总书记治国理政新思想新战略的实践进行调查研究，特别是对宿州践行五大发展理念的生动实践密切关注、全程跟踪，持续深入调查研究。

二是起点高。2016 年 4 月，中国社会科学院研究员吴波博士、河海大学教授余达淮博士、合肥工业大学出版社编审朱移山博士等专家学者受“两个中心”邀请来宿州调研，我也有幸参加了这一活动。在宿期间，为了解宿州市情，召开了由市委组织部、市纪委、市委政研室、发改委、经信委、农委、科技局等 12 个市直部门和市经济开发区、宿马园区、市高新区参加的座谈会。专家学者听取了近年来宿州市贯彻落实习近平总书记治国理政新理念新思想新战略的情况介绍；参观了宿州市博物馆、宿州市规划展览馆及宿州市容市貌；实地调研了宿州市城管指挥中心、宿州市高新区、宿马园区、宿州市现代农业示范区和光明村。调研中，专家学者们对宿州市近年来的经济社会发展给予高度评价，认为宿州市贯彻落实习近平总书记治国理政新理念新思想新战略的探索与实践具有创新性、超前性，建议成立课题组，系统总结党的十八大以来宿州市的生动实践，把宿州的好做法、好经验归纳提炼并上升到理性高度，以期在更大范围发挥作用。经校委研究决定，并报市主要负责同志同意，市委党校成立了由校领导牵头、中国社科院专家学者指导、有关教研人员参加的《五大新发展理念的宿州实践》课题组。

在广泛实地调研和大量查阅有关资料的基础上，课题组拟定了基于五大发展理念的写作提纲和基本框架，将宿州践行五大发展理念的实践亮点纳入其中，每个亮点围绕宿州的认识、实践、成效三个方面展开，最后辅以理论思考的总结与提升。最后一章重点研究党的建设与贯彻落实五大发展理念的关系。写作过程中，中国社会科学院、合肥工业大学、安徽大学的专家学者精心指导，市委市政府领导及有关部门认真提出建设性的意见建议。在此基础上，课题组对书稿进行多次修改，以保证研究成果的质量和水平。

三是针对性强。党的十八大以来，宿州在践行五大发展理念的实践中走出了一条欠发达地区工业化城镇化之路，充分验证了五大发展理念的现实指导作用。因此，研究五大发展理念的宿州实践，必须立足于理论与实践的结合。本书编写者都是在宿州工作多年的领导干部和理论工作者，既有扎实的理论功底又有丰富的实践经验，研究过程中同时依托市委政研室、市委改革办的雄厚资源。因此，本书呈现的五大发展理念宿州实践不仅是宿州发展经验的总结，同时也可为其他地区提供借鉴，具有一定的普遍意义。

两年来，本书数易其稿，终于得以出版，令人欣慰。这离不开宿州市委、市政府有关领导的支持和指导。宿州干部群众干事创业的火热实践，为本书提供了丰富素材。中国社科院吴波、刘德中研究员，曾宪奎、郇雷博士等专家学者提供了指导和具体帮助；安徽大学王亚玄副教授受课题组委托，对本书提出了许多建设性意见并亲自修改；市委副秘书长杜文涛亲自审稿并做了大量协调工作；市纪委、市委办公室、市委组织部、市委政研室、市发改委、市经信委、市农委、市城管局、市统计局等单位及宿州市高新区、宿马园区、宿州市现代农业示范区、埇桥区光明村等提供了大量材料和诸多便利；合肥工业大学出版社的有关领导给予多方面帮助和指导。

本书致力于系统总结党的十八大以来宿州市学习贯彻落实习近平新时代中国特色社会主义思想特别是五大发展理念的生动实践，但与新时代生机勃勃日新月异的宿州市经济社会发展实践相比，难免挂一漏万。期待宿州市委党校以此为新起点，努力推出更多精品力作，为推动宿州经济社会更好更快发展，为推进党的理论研究与宣传工作，作出更大贡献。

目　　录

一、聚焦创新，推动经济跨越式发展 …………………………（001）

（一）深刻认识创新发展理念的内涵、意义与要求 ……………（001）

（二）创新发展的宿州实践 …………………………………（008）

（三）宿州创新发展实践的启示与思考 ………………………（022）

二、协调发展，实现区域发展新突破 …………………………（026）

（一）深刻认识协调发展理念的内涵与意义 …………………（026）

（二）协调发展的宿州实践 …………………………………（034）

三、崇尚绿色，实现人与自然和谐共生 ………………………（058）

（一）深刻认识绿色发展理念的意义与要求 …………………（058）

（二）绿色发展的宿州实践 …………………………………（063）

（三）宿州绿色发展实践的启示与思考 ………………………（078）

四、厚植开放，构筑开放发展新高地 …………………………（082）

（一）深刻认识开放发展理念的内涵、意义与要求 ……………（083）

（二）开放发展的宿州实践 …………………………………（090）

（三）宿州开放发展实践的启示与思考 ………………………（114）

五、推进共享，增进人民群众获得感 …………………………（118）

（一）深刻认识共享发展理念的内涵、意义与要求 ……………（119）

（二）共享发展的宿州实践 …………………………………………………（122）
（三）宿州共享发展实践的启示与思考 ………………………………（138）
六、全面从严治党，领航宿州新发展 …………………………………（146）
（一）深刻认识全面从严治党的内涵与意义 …………………………（148）
（二）清醒认识我市全面从严治党面临的严峻形势 …………………（150）
（三）全面从严治党的宿州实践 …………………………………………（152）
（四）全面从严治党的宿州经验 …………………………………………（173）

一、聚焦创新，推动经济跨越式发展

习近平总书记在党的十九大报告中指出，“更加自觉地投身改革创新时代潮流，坚决破除一切顽瘴痼疾”。安徽省委强调，“唯有实施创新驱动发展战略，建设创新安徽、推动转型发展，才能破解发展瓶颈制约，增强经济社会发展的内生动力和活力，促进经济社会持续健康发展。”宿州市委要求，实施创新驱动发展战略，坚持“三重一创”建设思路，培育发展新动力，增强核心竞争力，以持续创业创新推动经济发展不断迈上新台阶。创新发展作为五大发展理念之首，是今后指引我国经济发展的核心原则。坚持创新发展理念，不断提升我国自主创新能力，促进产业结构不断升级和发展模式的逐步转变，是新常态下经济发展的战略任务，也是实现我国“两个一百年”战略目标的重要保证。宿州市认真学习中央、省委相关政策精神，并结合本地区经济发展相对落后、技术创新较为滞后的实际情况，积极贯彻中央和省委的相关精神和决策，坚持把创新作为引领发展的第一动力，积极推进科技创新、产业创新、企业创新、产品创新、市场创新，加快实现发展动力转换，培育新的发展动能，以持续创新推动经济发展不断迈上新台阶。

（一）深刻认识创新发展理念的内涵、意义与要求

1. 深刻认识创新发展的新内涵

创新是历史进步的动力、时代发展的关键。党的十八届五中全会提出的创新、协调、绿色、开放、共享“五大发展理念”，把创新提到首要位置，明确指出“必须把创新摆在国家发展全局的核心位置，不断推进理论

创新、制度创新、科技创新、文化创新等各方面创新，让创新贯穿党和国家一切工作，让创新在全社会蔚然成风”。由此可知，创新发展理念的内涵不仅仅局限于器物层面，更是一个涵盖了思想、制度和技术的系统性发展方略。理论创新、制度创新、科技创新和文化创新这四大创新连同其他方面创新一起“发力”、一起“给力”，共同构成了创新发展理念的完整内涵，指明了我国发展的方向和要求，代表了当今世界发展潮流，也体现了我们党认识把握发展规律的深化。以创新之楫，奋发展之舟，谋改革之路，一定会为全面建成小康社会注入强劲动力。把创新放在发展全局的核心位置，必然给发展全局带来根本性的变化。宿州市深刻认识到，创新理念上的差距是最大差距，创新发展上的短板是最大短板，切实把创新摆在发展全局的核心位置，深刻认识实施创新驱动发展战略是顺应发展大势的必然选择，是建设五大发展美好宿州的必由之路，大力实施创新发展行动，推动发展由跟跑并跑向并跑领跑转变。

2. 深刻理解创新发展理念的意义

（1）坚持创新发展，是新常态下经济发展的必然要求

我国经济目前已经进入转型期，创新驱动正逐步代替要素驱动成为推动经济发展的主因素，对经济发展的推动作用越来越大。这主要体现在技术创新能够大幅度提高劳动生产率，降低劳动力成本，进而大幅提升一个国家或地区的财富创造能力，推动经济的快速发展；技术创新能够催生一个新的产品，由此为基础可能会衍生发展出一个新的产业，最终使一国经济保持源源不断的活力，推动一国经济的快速发展。从产业结构的角度看，新产品的利润率更高，新产业发展的潜力更大，新的生产技术生产效率更高，这将在宏观层次上推动一个国家或地区的产业结构不断优化，经济活力持续增强。随着经济的发展和科学技术的进步，技术创新在推动经济增长方面所起的作用越来越大，已经成为推动一国经济增长和发展的主导性因素。而目前我国以高增长、高消耗、低效益等为特征的传统粗放型经济增长模式已经难以为继，以适度增长、低消耗、高效益为特征的集约型经济增长方式成为下一阶段的发展目标，在国内外各种环境因素或急剧或缓慢变化形成的合力推进下，经济发展转型压力在近几年尤其是国际金融危机之后骤然增大，经济发展越来越依赖于技术创新。

对经济发展相对滞后的宿州而言，技术创新是实现未来赶超式发展的重要保证。2017 年全市完成生产总值 1503.9 亿元，增长 9.1%，增速居全省第二；2018 年第一季度，全市完成地区生产总值 331.07 亿元，增长 8.5%，增速居全省第五。但是，宿州市经济发展水平不仅与国际发展水平有巨大差距，与我国东部地区及中西部的较为发达地区也有较大差距，加快发展速度、尽快缩小与经济发达地区的差距是今后宿州市经济发展的主要任务。同时，随着全国经济步入新常态，经济增长速度由高速增长向中高速转变，过分重视经济增长速度的发展理念已经逐步转变，对经济增长质量的重视程度不断提升，这种的宏观经济和政策条件，对宿州利用东部地区产业转移的机遇，通过粗放式经济发展模式实现超高速经济增长，进而实现赶超发展构成了限制。这就要求宿州市今后的经济发展，必须高度依靠技术创新，在推动技术创新发展的进程中实现经济增长速度与质量的均衡，一方面，在承接东部产业过程中，注重多承接高技术产业或者非高技术产业中的高技术环节，并积极引进相关产业中的研发机构和研发人员，在扩大经济增长规模的同时，稳步提高引进产业的技术含量，促进本地区产业高度的提升；另一方面，积极引导本地企业从事创新活动，通过相关的政策优惠提升企业创新的积极性，逐步构建创新体系来促进创新活动，最终逐渐提升本地企业创新能力和水平。

（2）坚持创新发展，是抢占未来经济制高点的需要

信息技术革命之后，全球技术—经济体系正在酝酿下一次突破，目前已经涌现出一系列的新兴产业，虽然具体哪个产业将成为下一轮技术革命的领军者还难以确定，但是这些产业都展现出了极强的发展潜力和广阔发展前景。这些产业虽然还处于产业形成的概念阶段或者起步期，对经济的带动作用还没有体现，但是巨大潜能使它们可能成新的经济增长点，带动整个经济体系朝向破坏式的发展。因此，在新兴产业发展尚处于刚刚形成的阶段，各个国家和地区就开始展开激烈争夺，试图抢占未来经济制高点。对发达国家而言，在新兴产业发展过程中占得先机，将有利于巩固和进一步提升它们的技术优势，继续维持其在整个产业分工体系中的主导地位；对发展国家而言，美国等国家技术赶超的经验表明，通过在新兴产业和新技术革命中占据优先或者主导地位，实现对技术领先国家的赶超，这一赶超方式的效率要远

远高于在传统行业中通过自主技术创新逐步实现赶超的方式，因而发展中国家都力图在新兴产业技术差距还不大的情况下，努力争先，至少保持在技术和产业发展方面不落在发达国家后面。对我国而言，只要遵循创新发展理念，本着常规产业技术能力不断提升、新兴产业努力占据前沿的原则，才能够在未来经济制高点中谋得先机，并与常规产业的技术创新相互呼应，形成合力促进我国整体创新能力的提升，进而促进经济转型。

宿州市虽然目前科技水平较为滞后，但是这并不意味着要放弃新兴产业，而是应该积极参与到国内国际战略新兴产业发展的进程中去。宿州市在科技投入与产出方面都处于较低水平，2017 年，宿州市科学研究和技术服务业投资 4.9 亿元，远低于同期全国平均水平；全年专利申请量 3061 件，其中发明专利申请量 1704 件。市级以上科技计划项目 41 个。省科技成果登记 1 项。然而，科技力量薄弱，依然可以发展新兴产业，2012—2017 年宿州市战略性新兴产业产值由 41.2 亿元增加到 174.16 亿元，年均增长 27.13%，增幅居全省第二位，云计算产业成为新兴产业的生力军，石墨烯、药物健康产业、量子保密通信网络建设、核心元器件研发生产及量子保密大数据云服务等重大项目相继投产。① 战略性新兴产业不仅在宿州市发展起来，而且发展十分迅猛，已经成为支撑全市经济的支柱性产业。随着今后新产业陆续出现以及原先被认定的新兴产业发展出现新的趋势，宿州市必须紧紧跟随产业发展新态势，因地制宜地制定发展策略，努力发展新兴产业，使其成为带动宿州工业跨越式发展的火车头。一方面，积极利用本地优势，本着有所为有所不为的原则，有重点地继续发展部分新的产业，但是不要追求面面俱到，避免产业“小而全”的局面；另一方面，在不断做大新兴产业规模的同时，不断提升产业的技术水平，逐步向产业技术较为密集的环节发展。

3. 深刻认识创新发展理念的要求

（1）坚持创新发展，必须逐步完善创新体系

技术创新能力的提升，必须要逐步完善创新体系，形成主体职责明

① 史翔、杨军：《坚定不移以新理念引领新发展　奋力谱写建设美好宿州新篇章》，《安徽日报》2017 年 9 月 26 日。

确、内部联系紧密、相互合作畅通、系统运行高效的体系。从我国创新体系建设看，近几年来，随着国家相关政策的推动，企业、高校和研究机构之间的合作正在不断加深，原有的机制障碍正在逐步突破，一批产学研合作的成果已经研发出来。但是，与美国、德国等发达国家相比，我国产学研合作体系还处于比较低级的阶段，高效的创新体系还有待逐步加强。一方面，高校和科研机构在体制机制方面尚未完全理顺，面向市场研发和面向教学及研究研发之间的关系还没彻底摆正，企业与高校和研发机构在研发仪器使用、研发成果的合作与共享等诸多方面还存在不足，科研资源与资金的使用效率比较低下，专利的转化率比较低。另一方面，企业、高校和科研机构之间完善的创新链合作还有待完善，很多企业与高校和研发机构之间，均有合作意愿，但是由于彼此在创新方面处于不同环节，许多企业就是单纯本着引进技术的角度进行合作，急于求成的心态导致企业对共同研发的兴趣不大，而高校和研发机构也不可能把大部分精力用于技术的商业化应用，导致产学研合作不能顺利进行。今后要通过明确政府职能，组建架构合理、运作高效、服务灵活的科研机构体系，搭建外向性很高的企业研发体系，构建高效的高校对外合作体制机制，建立多层次的科技中介服务机构等手段，建设完善高效的国家创新体系。一方面，各创新主体各司其职又紧密联系，既能做好自身本职工作而不干涉其他主体的工作（这一点主要是对政府），各部门又能保持紧密联系，彼此的工作能够实现对接；另一方面，各创新环节保持高效，创新链条各环节都能保持充足的活力，保证创新成果源源不断，同时在创新链条合作上保持无缝连接。

在这方面，宿州立足自身实际，结合未来发展需要，积极深化创新城市建设，建立完善以企业为主体、市场为导向、产学研管相结合的创新体系。围绕着当前宿州市产业链积极发展创新链，积极支持企业与高校、科研机构实行各种层次的合作。宿州的高校和科研机构数量较少，且科研实力较弱，而企业的研发实力也较为薄弱，对此，宿州需要积极引进外部科研资源，积极为本地企业与其他地区的高校和科研机构合作提供平台，广泛探索涉及科技咨询、技术攻关、成果转化、人才培养等各种形式的产学研合作，逐步建立起内外部机构紧密合作、合作形式广泛多样、创新效率显著的地区创新体系，为本地区的技术创新和经济发展提供有力保障。

（2）坚持创新发展，必须与全面改革相结合

通过技术创新的进步推动经济从传统的要素驱动模式向创新驱动模式转变，是一个较为漫长的过程，且这种缓慢的量变不会顺利引发质变，而是需要克服各种“临界效应”，并需要付出很大的代价。越接近创新的核心环节，整个技术创新活动对创新资源投入、创新人员的能力、产学研合作效率、企业内部综合管理水平、外部宏观环境的匹配程度等一系列因素要求将越高，研发活动最终失败的风险急剧提高。资源产品对国际市场依存度不断提高，环境保护要求急剧提高的宏观形势，决定了企业将面临较短时间内失去低价格优势风险。总之，留给企业从低价格竞争力模式向创新竞争力模式转变的时间，其实并不长。这就要求我们必须加快技术创新的步伐，而这就需要全面改革来提供外部整体环境的协同支撑。由于创新需要复杂的支持体系作为支撑，且影响创新的因素和行为复杂微妙，这就需要我们进行全面改革，建立支撑技术创新的综合环境。例如，大企业具有资金实力和人员能力进行研发活动，因此很多后发国家在创新政策中都普遍存在向大企业倾斜的现象，但是大企业获得垄断地位后，其创新动力往往会减小，同时政策向大企业过度倾斜，影响了行业内正常竞争秩序，影响整个行业的创新活动。而如何权衡这些因素的利弊，最大限度地推进整体创新活动，将是经济治理体系需要系统研究并逐步改进的。

在全面改革支持创新发展方面，宿州市围绕中央的要求，结合地区发展实际，制订了全面改革相关方案，并积极强化落实，努力做到实处。一方面，在深化改革进程中，将与技术创新相关的诸多制度方面进行改革，创造了有利于企业发展与创新的环境。例如，在全面改革中，特别强调市场在资源配置中其决定性作用，以简政放权为突破口，积极完善市场机制，促进企业经营的积极性和自主性，为企业技术创新活动创造良好的条件。另一方面，直接针对技术创新活动，出台相关的改革措施。在这领域，宿州市委市政府出台了《加快调结构转方式促升级实施方案》《关于加大改革创新力度加快农业现代化建设的实施意见》等一系列专项文件，其中多项措施直接针对技术创新领域。整体而言，宿州市已经初步建立适应本地技术创新需要的改革措施体系，当然，随着相关政策的实施与经济情况的变化，这些政策还需要与时俱进实施调整。

（3）坚持创新发展，必须推动大众创业万众创新

“大众创新、万众创业”是在我国经济已经进入转型期，创新驱动正逐步代替要素驱动成为推动经济发展的主要动力的大背景下提出的。从世界各国发展经验看，能够真正完成转型期，产业高度达到发达国家水平，从落后地位完成赶超的国家，实际上寥寥无几，而像我国这样经济总量巨大、人口众多、经济发展的各种问题和矛盾错综复杂，要完成经济转型的国家在历史上尚属第一个。与韩国等国家相比，我国无法通过集中在若干产业进行技术创新，就能带动整个经济的转型，巨大的经济总量与完整的工业体系，要求我们的创新必须是全方位、多层次的，同时又要避免日本过分偏重应用技术和商业技术研究而对基础研究重视度不足，最终无法适应技术更新换代不断加速的时代要求而导致的经济竞争力持续减弱的教训，必须要逐步建立完善的自主技术创新研发体系。另一方面，在经济发展的初期阶段，赶超国家的“后发优势”较为明显，而进入转型期之后，“后发劣势”表现得更为突出，如法律体系、市场发育程度、技术积累与知识储备等劣势，都将妨碍经济的继续发展。经过 30 余年的快速发展之后，我国在发展历程中累积的各种问题和矛盾，已经成为未来发展的“后发劣势”，对我国经济转型构成障碍。在这种情况下，我们必须发挥自身优势，积极化解不利因素，才有可能顺利实现经济转型，完成经济的现代化。在创新成为时代主题的背景下，我国优势之一便是庞大的人口和劳动力数量，其中更有全球数量最为庞大的受过高等教育的人才资源，如果充分发挥这一优势，激发起全民的创新和创业热情，即便创新和创业有着较高的失败率，但是庞大的人口基数将保证有相当一批创新和创业取得成功，而这些将足以对经济发展产生较大的推动作用。

大众创业、万众创新对宿州市创新发展具有重要作用。宿州市作为一个经济发展滞后的地区，对人才的吸引力较弱，人才对经济的支撑相对不足。但是，这并不意味着宿州市并没有人才，通过大众创业万众创新的相关活动，能够有效激发这些人才的创业和创新激情，发挥他们的内在潜力，提高整体经济的活跃度，并能创造一个更有利于创新和经济发展的氛围。同时，应紧紧围绕宿州学院等高校，积极推广大学生创新创业活动，以便将学校内潜在的人才挖掘出来，并为其以后留在本地打好基础，为技

术创新的人才基础工作增砖添瓦。

（二）创新发展的宿州实践

创新是引领发展的第一动力，也是宿州起步赶超的“踏脚石”。宿州市实施创新驱动发展战略，坚持“三重一创”建设思路，着力下好创新“先手棋”，将创新融入经济发展全过程。

1. 规模扩张与创新能力同步提升

宿州市经济落后的重要原因之一便是工业发展长期滞后，不能为经济的长期快速发展提供支撑。近几年来，宿州市对工业发展的重视程度不断提高，将工业的规模化扩张与技术创新结合起来，实现二者同步发展，并在实践中不断探索二者之间的平衡。

（1）创新工业发展模式，推进工业快速发展

与发达地区不同，经济落后地区今后的发展任务具有两重性，即保持高速经济增长与跨越式推进经济转型。宿州工业发展面临的首要任务便是要尽快实现规模的迅速扩张，推动经济迅速发展。为了达到这一目标，宿州市委市政府积极借鉴各方经验，创新工业发展模式，采取广泛措施推动工业发展，其中最有特色的便是“3111”工程。

在学习借鉴郑州、芜湖、淮北等城市加快产业园区发展做法的基础上，宿州市创造性地提出了“3111”工程，在2014年2月由市政府正式颁布《宿州市“3111”工程实施方案》。该工程的主要目标是通过3年时间，各县区、各园区打造1个在全省知名乃至全国有一定影响的首位工业产业，实现产值超100亿元，各县区、各园区实现工业税收超10亿元（其中首位工业产业税收超5亿元）。“3111”工程制订了科学的产业规划和严密的组织实施体系，在产业规划方面，各县区依据宿州市的整体规划，层层分解相关规划，明确自身的发展思路基础上，制定首位产业发展路线图，在此基础上谋划相应的项目；在组织实施保证方面，市政府成立了“3111”工程推进工作领导小组，市委常委、常务副市长任组长，各县区、各园区由党政负责人担任组长的领导机构，市“3111”工程领导小组加强对各市区的考核和监控，加强事前、事中、事后的管理，保证工程得到扎实推进。

在“3111 工程”等措施推动下，近几年宿州市工业发展迅速，实现了工业、招商、项目、园区四位一体同步发展。2012—2017 年，全市规模以上工业增加值由 248.9 亿元增加到 445.34 亿元，年均增长 12.38%，有效缩小了与省内先进地区的差距。2017 年末，全市规模以上工业企业 1272 家，规模以上工业增加值增长 9.8%。其中，农副食品加工业增长 4.5%，食品制造业增长 21.5%，纺织业下降 10.6%，木材加工和木竹藤棕草制品业增长 6.3%，电力、热力生产和供应业增长 14%；煤炭开采和洗选业增长 8.9%，皮革羽毛制品和制鞋业增长 2.9%。

现代制鞋产业城流水线

现代制鞋产业城正式签订入区项目已达百余个，产业城建成区面积已达到 6.8 平方公里，注册登记企业及工商个体户等 1913 家，吸纳就业人口 5.6 万人，如今的宿州鞋城已成为国内重要的制鞋产业基地。

（2）采取多种方式，协同推进工业企业创新

一是多种措施并举，促进技术创新水平提升。积极落实中央和省促进技术创新的相关政策，通过税收优惠、资金扶持、平台支持等诸多措施，推动企业研发、产学研合作、创业孵化，促进工业企业技术创新能力的提高。同时，在招商引资进程中，注重加大高科技企业招商力度，提高高新技术企业数量，进而提升工业企业整体技术创新水平。这一系列的活动，取得了良好效果。2017 年全市高新技术企业 85 家，其中当年新增企业 8

家，全年战略性新兴产业产值增长 28.8%，高新技术产业工业增加值增长 30.4%。全市省级以上研发平台 61 个，其中省级工程技术研究中心 13 个，院士工作站 8 个，国家级创新平台 1 个。同时，安徽省石墨烯复合功能薄膜材料工程实验室获批，成为省内首家石墨烯领域创新平台；安徽省裸眼 3D 显示工程实验室（宿州新亚电子）获批，成为我市第三家省级重大创新平台；2016 年皖北药业股份有限公司的一项发明专利——“一种克林霉素磷酸酯的结晶方法”荣获第四届安徽省专利优秀奖。[①] 获批华瑞网络、蓝海之光 2 家院士工作站、乔振华团队 1 家省级人才团队等，引进博士团队项目 28 个、国家千人计划人才 7 人、高层次创业人才近百人，构建了宿州“科学实验中心”。2018 年第一季度，全市高新技术产业工业增加值增长 16.0%，增速居全省第七。

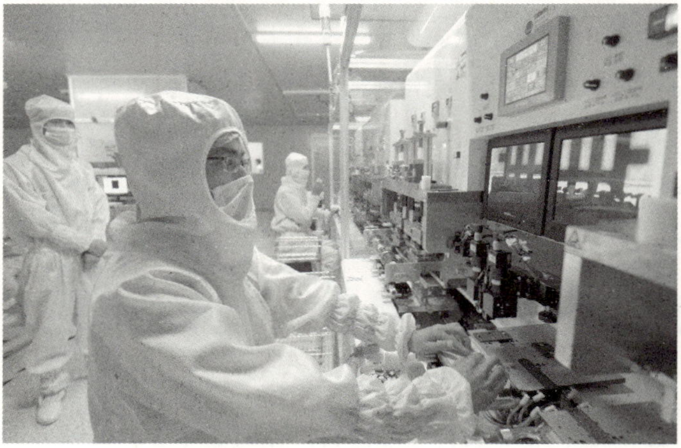

新亚电子集团中控室

新亚电子集团是一家集手机整机及配套产品研发、生产、销售为一体的高科技公司，下设新亚、信诺、朗欣、戴盛等手机、平板电脑、移动终端品牌。该公司手机整机及配套生产线项目，总投资 8 亿元，建设触摸屏生产线 12 条，显示屏生产线 15 条，手机整机生产线 15 条，手机配件生产线 10 条，项目全部建成后可解决 1500 人就业，实现年产值 30 亿元、税收 6000 万元。

---

① 宿州市发改委：《坚持以新发展理念为引领　加快建设五大发展美好宿州》，2017 年 9 月。

二是采取多种措施，推动技术改造。宿州市工业企业整体技术水平不高，在短期内迅速提升自主创新能力不现实，而积极推进技术改造，则是在短期内迅速提升供给效率的有效方式。扎实推进供给侧结构性改革，实施“1245”重点技改行动（即围绕10大重点产业，实施200项重点技改项目，全市技改投资完成400亿以上，技改投资占工业投资额在1000万元以上投资比重超过50%），开展“四送一服”双千工程，加快利用新业态新技术新模式改造提升传统产业，使食品饮料、轻纺鞋服、化工建材、板材家居、煤电能源等传统产业实现转型升级，产品质量和附加值不断提高。2018年第一季度，全市制造业增长8.5%，33个行业大类中有30个行业保持增长，21个行业增速超过10%。

三是积极借助信息技术等先进技术，改造传统产业，提高产出效率。例如，“互联网+”对传统企业产生了重大影响，宿州市充分发挥市场机制在农村电商发展中的作用，鼓励各地加强与知名电商平台合作，引导各类优质市场主体开发网销农产品、农业生产资料、休闲农业、乡村旅游等产品和服务；同时深入推进农村电子商务产业园区建设，形成了一批布局合理、配套健全、带动性强的电子商务产业园区，年总产值已超过100亿元，形成了较好的产业集聚效应。[①] 如砀山县良梨镇良梨村依托国家“电商”进农村政策，大力发展电商、微商，全村9000多人，就有2200多人从事电商，年销售额约8000万元。[②]

2. 积极扶持新兴产业，构建战略新兴产业体系

根据中央和安徽省的相关文件精神，结合本地区的实际情况，宿州市积极扶持各类新兴产业发展，以便在经济赶超式发展进程中，形成高新技术产业体系，避免在高新技术领域与发达地区的差距不断加大。具体来说，包括如下几个方面。

（1）确定六大产业作为发展重点，构建新兴产业体系

宿州市在发展战略性新兴产业的战略规划上，根据自身的基础情况、资源优势、产业发展状况，重点选择电子信息、生物医药、高端装备制

① 何雪峰：《宿州力推电子商务进村》，《安徽日报》2017年8月21日。

② 崔泽昊：《“网红”砀山梨的成功路》，人民网，http：//www.people.com.cn/n1/2017/0917/c81281-29540383.html，2017年9月17日。

造、新能源、新材料、节能环保等六大新兴产业进行扶持培育，每个产业又选择了若干领域作为发展重点，例如新能源产业重点发展生物能源、太阳能光伏、风能制造等领域，重点发展的产品则是晶硅太阳能电池及组件、薄膜太阳能电池及组建等几个产品。通过积极申报战略性新兴产业聚集发展基地等方式积极争取上级的资金扶持以及市政府在资金扶持的各项倾斜政策，加大招商引资力度，积极扶持战略性新兴产业发展。同时，为了促进战略性新兴产业在各县区的均衡发展并促进产业聚集，提出要求各个区县选择 1 ~2 项产业作为先导产业，予以优先扶持培育。

通过这一系列的措施，宿州市战略性新兴产业迅速发展，规模不断扩大。“十二五”末期，宿州市纳入省统计范围的战略性新兴产业企业突破百家，产值突破百亿元，同比增长 30. 6% 以上，增幅居全省第 2 位。2017 年以来，在经济下行压力仍然较大的背景下，全市新兴动能加快成长，呈现出速度、质量、效益“三量”齐升的良好势头。经过一段时间的努力，宿州市战略性新兴产业已经初步形成了产业体系，随着相关措施的继续推进和相关产业的持续发展，这一体系将逐步完善。

（2）以大数据和云计算产业为龙头，大力发展最近几年新涌现出的或者发展潜力巨大的新兴产业

大数据产业具有广阔的发展空间，是未来最具发展潜力的新兴产业之一。现在大数据产业还处于商业化应用的初期阶段向发展阶段过渡时期，但是其发展潜力已经逐步显现。随着互联网的应用及经济的发展，数据产生的数量迅速攀升，而这些数据如果妥善利用，就能产生很大的商业价值。在美国，大数据利用在医疗领域每年产生 3000 亿美元的潜在价值，在公共管理部门每年 2500 亿美元，在个人位置数据领域每年 1000 亿美元，在零售业能够增加 60% 的营业额。整体来看，到目前为止大数据产业及与其紧密相关的云计算产业，在我国还没有真正大规模商业化，但是其发展潜力巨大，很有可能在未来若干年内，成为一个具有现实带动作用的产业。

在这种情况下，宿州市将大数据和云计算产业作为未来的发展重点，通过承接东南沿海高新技术产业等方式，实现了云计算产业的快速发展。其中，宿州高新技术产业园区是宿州市承接东南沿海等高新技术产业的主战场，把云计算产业列为首位产业，园区通过与华为、世纪互联等知名企

宿州市高新区科技服务中心

业合作，建立大型数据中心，按照“率先发展基础云、注重建设平台云、同步发展应用云”的思路，加快推进公共基础数据库、公共信息平台和云服务应用三级建设，大力发展云计算相关产业。

抢抓国家“互联网+”行动计划和大数据发展战略机遇，依托市高新区，独辟蹊径发展云计算产业，我市成功获评国家智慧城市试点市、“宽带中国”示范市、全国第五家量子通信节点城市。截至 2017 年底，市高新区落户云计算相关企业 700 余家，投入运营 200 余家，华为、中国电信、量子通信、甲骨文等一批具有核心竞争力的关键企业相继落户，实现产值 123 亿元、税收 1.29 亿元。其中，规模以上云计算企业 48 家，实现产值 41 亿元、税收 8590 万元，创新型产业生态初步建成。

需要特别强调的是，宿州发展新兴产业高度依赖招商引资，而政府有关部门采取了精准招商的方式，积极引进新兴产业企业。宿州市瞄准云计算、电子信息、3D 打印等新兴产业，市政府班子成员带队分赴广东、上海、福建等地开展精准招商，与深圳卡为集团、上海至尊溯源电子科技等一批企业进行洽谈招商，达成一批合作意向。宿州高新区招大引强，秉承“保姆式、顾问式、管家式”的服务理念，为企业提供最优质的投资环境，吸引阿里巴巴、亿赞普、科大讯飞等一大批国内领军企业相继落户宿州，2015 年以来已签约项目共计近百个，40 多家企业已投入运营，其中有近 20 家国内外知名的上市公司，目前初步形成了电子商务、手机漫游、动漫渲染、生物医疗、大数据处理、智能制造6大云计算特色产业板块。同时，积极在部分发达地区召开招商推介会，取得了良好效果，如宿州（厦门）招商推介会共签约项目6个，投资总额约12亿元，意向项目30个。

3. 促进农业领域创新发展，创造农村发展新局面

宿州市作为一个农业大市，在农业和农村大力促进创新发展，以创新带动农业现代化，开创农村发展的新局面。

（1）创新农业生产方式，不断提高农业生产效率

宿州市高度重视农业的创新发展，积极采取方式，促进农业生产方式创新发展，提高农业生产效率和收益水平。

一是以科技为推力，促进农业生产方式的转变和可持续发展。重点支持优势农作物新品种培育，提升产学研合作水平，组建各类农业科技创新平台，探索农产品精深加工的技术及应用，积极推进物联网和互联网在农业方面的应用，并积极促进机械化信息化的融合，最终推动农业生产方式向现代化转变。同时，积极推广高效节水灌溉的相关技术，大力推动农业循环经济发展，推动耕地质量提升，不断提高农业的可持续发展水平。

二是推进产业结构调整，提高农业整体效益。首先，在稳定粮食播种面积基础上，利用科技提高单产。在加强高标准农田建设基础上，加快小麦高产攻关、玉米振兴计划核心示范区建设，积极推进农田水利建设，加快农业机械化进程，不断提高粮食单产水平。其次，推进农业产业结构调整，发展高效特色农业。大力发展绿色农业，鼓励无公害、绿色和有机农产品认证，稳定瓜果生产面积，积极推广规模化养殖，积极提高畜牧业产业比重，提高农业整体效益水平。

三是促进一二三产业融合，提高收益。通过扶持一批农产品加工企业，带动农业产业化发展，形成有影响的产业集群；积极发展休闲观光农业，扩大乡村旅游和休闲观光农业的规模，提高农业和旅游业的融合度。

（2）以创建现代农业产业化联合体为契机，促进现代农业发展

培育农业企业、家庭农场、农民合作社三大新型农业经营主体发展，是宿州市农村改革试验区承担的主要任务，但在培育三大经营主体发展的实践中，宿州市发现由于农村一二三产业融合度不够，三大经营主体“单打独斗、各自为战”面临诸多困难。如：农业企业需要稳定原材料供应和保障质

农业联合体“一喷三防”保丰收

量安全，虽然很多企业建立或发展了订单基地，但有时合同难以履约，质量也难以保障；家庭农场存在资金、技术、市场等问题，开展标准化、品牌化生产的难度较大，在产品销售上处于弱势地位；农民合作社缺乏稳定的服务对象，往往需要东奔西跑找活干，经济效益难以保证。而宿州市强英鸭业等一些农业企业，在生产实践中积极探索与家庭农场、农民合作社等新型农业经营主体联合经营，能够较好地解决上述问题。在总结提升强英鸭业等农业企业做法经验的基础上，2012 年 9 月，宿州市出台了《宿州市现代农业产业化联合体建设试点方案》，首批选择 16 个联合体开展试点，力求通过龙头企业、家庭农场、农民合作社三大经营主体的组织联合、相互服务、建立利益共同体，形成完整的产业链条，实现产业融合，解决三大经营主体单独发展中面临的困难问题，促进农业生产的组织化、标准化、规模化、产业化，实现三大经营主体合作共赢的利益最大化。此后，宿州市现代农业产业化联合体快速发展，目前，全市农业产业化联合体已发展到 259 家，加入联合体的龙头企业 267 家、合作社 845 家、家庭农场 1749 家，覆盖了粮食、畜禽、果蔬、林木等主导产业，年产值达 280 亿元以上。宿州市探索建立的现代农业产业化联合体，在发展现代农业中具有创新意义，特别是联合体内龙头企业、家庭农场、农民合作社三大经营主体发挥各自所长，破解了资金、技术、市场等诸多难题，顺应了经济新常态下的“三农”发展需要，成为推进农村一二三产业融合发展的有效实现形式和现代农业经营体系的有益探索，已经连续六年被写入安徽省委一号文件，在安徽省和全国部分省区作示范推

时任中共中央政治局委员、国务院副总理汪洋视察埇桥区淮河农业产业化联合体

广。2017 年 10 月，农业部、国家发改委、财政部等六部委联合印发了《关于促进农业产业化联合体发展的指导意见》，宿州市首创的联合体模式正式在国家层面得到推广。

（3）加快农村金融创新步伐，为农业现代化发展提供金融保障

金融支持农业的渠道和力度不足，是制约农业通过适度经营实现现代化生产的重要阻碍。对此，宿州市围绕国家和安徽省相关的改革精神，积极推进金融创新，为农业发展服务。

一是积极完善农村金融组织体系。农村金融网点不足，网点实力薄弱，是当前农村金融体系中存在的突出问题。对此，宿州市将完善农村金融网点作为重要工作，以提升农商行实力，村镇银行全县域覆盖，大型商业化银行分支网点不断向村镇延伸的原则，努力完善农村金融组织体系。按照规划，2017 年底，在农村引进 1–2 家股份制金融，在县域新设 2–3 家村镇银行，全市农村每万人金融网点达到 2 个，农村金融服务站达到全覆盖，做到农村居民基本金融服务不出村。

二是积极探索农村土地承包经营权抵押贷款试点。2014 年以来，埇桥区先后出台了《农村土地承包经营权抵押贷款实施意见》《农村土地承包经营权抵押贷款工作实施方案》《农村土地流转经营权证登记管理办法

（试行）》《农村土地流转经营权抵押登记暂行办法》《农村承包土地的经营权抵押贷款试点工作方案》等文件，明确土地经营权抵押贷款的对象和用途、发放条件、登记制度、操作流程、抵押价值评估、抵押物处置等工作要点，稳妥推进土地经营权抵押贷款试点工作。全省首笔土地经营权抵押贷款250万元在埇桥区顺利发放。2016年1月，安徽省将埇桥区列为全省首批土地经营权抵押贷款试点县区。

三是积极推进农村金融产品和服务创新。为加快构建金融支农服务新格局，宿州市在推进农村金融产品服务创新方面进行了积极探索，取得了明显成效，主要包括：在现代农业产业联合体内开展了龙头企业领保贷款、无质押贷款、大棚抵押贷款和联户担保贷款、家庭农场直管直贷等试点，先后为联合体内规模经营主体累计担保贷款3.5亿元；会同徽商银行在全省率先开展家庭农场信用贷款模式试点，完成第一批303家家庭农场信用等级评定工作，发放贷款53笔1700余万元；与安徽省农业信贷担保公司合作在全省率先开展“劝耕贷”试点，已累计实际发放“劝耕贷”贷款4.92亿元，惠及603个新型农业经营主体；与民生银行合肥分行合作开展了农业产业化小微企业“互助合作基金”贷款试点，已为50多家农业产业化龙头企业贷款9000多万元；出台了《宿州市家庭农场粮食生产政策性保险提标试点实施方案》和《宿州市设施蔬菜种植保险试点实施方案》，农业政策性保险提标扩面试点已扩大到全市粮食种植家庭农场，考虑到粮食规模经营流转土地成本较高的现实，宿州市在安徽省现行政策性农业保险的基础上（小麦367元/亩、大豆170元/亩、玉米282元/亩），分别将规模经营的小麦、大豆、玉米的每亩总保险金额提高到800元、500元、800元，提高标准的部分由市、县区两级财政分别承担30%、40%，家庭农场承担30%。[①]

（4）创新启动农村“三变”改革试点，为现代农业发展注入新动能

当前，宿州市农业农村改革发展进入新阶段，农业的主要矛盾由总量不足转变为结构性过剩，农产品供给结构出现失衡，农村要素配置不合理，资源环境压力加大，农民收入持续增长乏力，迫切需要培育农业农村发展新动

① 宿州市农委：《市农委11月份重点工作完成情况和12月份重点工作安排》，2017年12月19日。

能。目前，宿州市农村还有大量集体资产资源处于闲置或低效利用状态，因此开展“资源变资产、资金变股金、农民变股东”即农村“三变”改革试点，可以盘活农村集体资源、资产和资金，激活农村各类生产要素潜能，对于增加农民收入、壮大集体经济、发展现代农业具有重要作用。

埇桥区灰古镇国家级现代农业产业园

一是深入推进付湖村“三变”改革试点。2016 年 8 月，安徽省确定在全省 11 个县区的 13 个村开展“三变”改革试点，埇桥区付湖村成为全省首批改革试点村。付湖村通过开展土地经营权抵押贷款，2016 年全村完成抵押贷款 500 万元，有效破解了农业融资难问题；通过实施土地股份合作，利用村集体 174 亩新增耕地、农户 632 亩新增耕地入股淮河粮食产业联合体，实现村集体年增收 17. 4 万元、入股农民人均年增收 346. 68 元，有效缓解了农民增收难问题。[①] 在完成以上既定目标的基础上，付湖村还根据自身实际，自选了 4 个改革创新项目并投入运营，取得明显收效。2017 年 7 月，付湖村“三变”改革试点工作顺利通过省级检查验收。

二是进一步扩大“三变”改革试点范围。2017 年 4 月，安徽省扩大“三变”改革试点范围，在全省选择 12 个县区整体推进这项工作，砀山县、泗县成为全省首批整体推进试点县。宿州市出台了《宿州市“资源变资产、

① 窦祥铭：《宿州市深化农村土地“三权分置”改革的探索与实践》，《宿州工作》2017 年第 6 期。

资金变股金、农民变股东”改革试点工作方案》，要求在砀山县、泗县启动整县推进“三变”改革试点工作的基础上，其他县区每个乡镇选择1个村开展试点，全市共确定试点村132个。各县区严格按照工作方案时间要求和工作步骤稳步推进，通过健全队伍、深入宣传、层层培训、规范操作，确保了试点工作有序开展、全面推进，涌现了埇桥区灰古镇付湖村、泗县泗城镇胡陈村等一批“三变”改革示范村。宿州市农村“三变”改革观摩交流会在泗县召开，会议传达了省市领导对农村“三变”改革工作作出的重要批示精神，初步总结了一系列可学、可用、可复制、可推广的“三变”改革试点经验，为全市“三变”改革全面推进和全市深化农村改革提供有力支撑。①

三是积极申报“三变”改革国家级试点。2017年3月，根据《农业部办公厅关于组织申报拓展农村改革试验内容的通知》精神，宿州市在全国农村改革试验区原有试验任务基本完成的基础上，将“三变”改革申报了全国农村改革试验区拓展试验任务，已于当年7月正式获批。

4. 创新发展生产性服务业，带动服务业和工业农业发展

宿州市服务业发展极其滞后，尽管最近几年服务业发展较为迅速，增速在全省名列前列，且增速明显高于第一、二产业，但是与发达地区相比，差距巨大，即使与全国平均水平比，也有相当差距。2017年第三产业增加值669.73亿元，增长11.5%。三次产业结构比为17.2∶38.3∶44.5。其中，作为服务业中与工业生产和农业生产息息相关、技术密集度高的生产性服务业，发展滞后问题尤为突出，现代物流、商务服务、科技服务等行业发展薄弱在较长时间内对经济发展构成障碍。

宿州市委市政府对服务业尤其是生产性服务业发展一直较为重视，陆续采取了一系列措施，促进服务业发展。近几年来服务业发展明显加速，就与这些政策推动有关。但是，囿于经济整体水平落后、生产性服务业发展土壤缺乏，导致服务业特别是生产性服务业发展滞后的局面短期内难以出现根本性改观。随着经济进入新常态，经济转型和创新驱动成为发展的战略任务，宿州市委市政府在最近几年更加重视生产性服务业，并出台了详细的发展意见。

---

① 宿州市农委：《宿州市农村土地确权、“三变”改革试点工作新闻发布会（发布词）》，2017年11月10日。

（1）强化扶持力度

在资金扶持方面，与国家、省服务业专项资金、引导资金等配套，从2016年服务业发展引导资金增加到1000万元，支持服务业关键领域、重大项目、薄弱环节和提高自主创新能力。在金融支持方面，一方面，将生产性服务业贷款比例纳入金融机构支持地方经济发展考核体系，引导金融机构逐步增加生产性服务业贷款规模，解决服务业企业获得贷款较难的问题；另一方面，鼓励政府融资平台企业和国有企业发行生产性服务业小微企业增信集合债券，给予这些企业30万元一次性贴息补助。在税收优惠方面，加快落实营改增试点过渡期相关政策，对创新型服务企业落实高新技术企业待遇等，尽量减少企业尤其是创新型企业税收负担，促进企业快速发展。

（2）支持创新创业

借着国家大力推动“两创”的时机，积极促进生产性服务业领域的创业创新。引导返乡创业人员融入特色专业市场，形成各具特色的返乡人员创业联盟，打造具有区域特点的创业集群和优势产业集群。支持返乡创业人员因地制宜围绕农村生产性服务业等开展创业，完善新型农业经营主体发展环境。同时，鼓励社会各界组织利用高新技术产业开发区、科技企业孵化器、高校等现有场地，创办生产性服务业众创空间，支持行业领军企业牵头成立“生产性服务业功能区联盟”等联盟体组织，帮助产业链上下游企业实现资源对接和提速发展，形成品牌输出效应。

（3）加快改革，促进服务业发展

一方面，按照先行先试的原则，积极解决生产性服务业发展中的制约因素和薄弱环节，建立制造业与生产性服务业融合互动发展的新体制和新机制，如鼓励试点单位在制造业主辅分离、经营性事业单位转企改制、机关事业单位后勤服务社会化、社会信用体系建设等。另一方面，通过做强和集群发展提高产业活力。具体内容包括：强调积极引进和培育大企业，树立具有较强影响的品牌，以便尽快在全市形成一批有实力、有影响的大企业；通过对产业聚集区进行现金奖励的方式，积极促进生产性服务业集聚区建设。

（4）鼓励生产性服务业和制造业融合

大力推进服务业与制造业的融合，将高端服务元素嵌入制造业，是实现二者双赢、推动经济快速发展的保障。宿州市通过现金奖励的方式，鼓励优势企业实施跨地区、跨行业、跨所有制兼并重组，积极打造跨界融合产业集团和产业联盟。例如，对现代农业、制造业企业与生产性服务业联动发展的项目，按总投资额的10%给予制造业企业一次性资金补贴，最高不超过100万元。

5. 创新发展公共服务，促进政府职能转变

以创新推动公共服务发展，促进政府职能转变，既是创新发展的内容之一，更是促进经济创新发展的保障。在这方面，宿州市委市政府着力强化如下几个方面的工作：

（1）以简政放权为突破，促进政府职能改革

2016年以来，宿州市全面推进行政审批服务“三集中、三到位”改革，转变职能，简政放权，进一步规范行政审批行为，提高行政审批效率，推动行政审批服务再提速、再深化、再增效。全市政务服务部门聚焦“13550”工作目标和市政府关于“互联网+政务服务”“一号申请，一窗受理，一网通办”的工作任务，继续深化“三集中三到位”改革，大力推进涉及企业群众办事的公共服务和便民事项进驻政务服务窗口，进驻网上政务服务平台；目前，中心工商局窗口可以实现3个工作日内办企业、不动产登记最长5个工作日内办结、工业建设项目施工许可证35个工作日内完成审批手续，正在努力实现本级公共服务项目1个工作日内通过网上政务服务平台办结。

加快推进“一窗受理　集成服务”改革试点，解决群众办事窗口来回跑问题。市科技局、市金融办等第一批试点的8家单位综合窗口已运行；不动产、房产和地税的一窗正在调试中，近期还将设立一批综合窗口试点运行；同时，统一设置前台受理区、后台审批区。制定受理窗口工作规范，明确前台受理窗口和后台审批部门之间的权限，实行服务前移、前置服务，提升窗口服务质量和效率。

围绕全市政务服务“一张清单”建设，本着尽可能简化程序、提高效率、保证质量的原则，中心统一制定面向办事群众的“明白纸”，再造政务服务办理流程，明确每一环节的办理时限、标准和规范，最大限度地在审批事项瘦身上下功夫。目前，已经梳理“明白纸”事项1169个，解决群众办事“最多跑一次”问题。

（2）借助新技术，提高公共服务水平

宿州市积极利用新技术用以提高公共服务，其中以智慧城市建设最为典

型。智慧城市通过与互联网等新技术结合，能够驱动政务创新，为市民提供便捷、快速的服务，并能通过各个市民的反馈信息，监督政府服务；同时能够将一系列政府部门有效连接在一起，使涉及多部门的政府服务效率更高，进程更透明。宿州市高度重视智慧城市的建设，2015 年 9 月与慧球科技公司签订《共建智慧宿州战略合作框架协议》，项目总投资金额 10 亿元，项目范围涵盖智慧城市项目中公共基础数据库、公共信息平台、智慧交通、政务安全等多方面涉及公共服务的内容。目前，宿州智慧城市工程初步见效，已重点打造政务云、教育云、医疗云、交通云等“8 朵云”工程，全面提升了政府在城市管理、社会保障、安全防范等方面的治理能力、管理效率和服务水平。①

（三）宿州创新发展实践的启示与思考

1. 宿州市创新发展实践的启示

（1）要从宏观大势看创新，深刻理解创新发展是落实五大理念的应有之义

党的十八届五中全会提出创新、协调、绿色、开放、共享五大发展理念，创新居于首位。当今世界，新一轮科技革命蓄势待发，一些重大颠覆性技术不断涌现，科技创新链条更加灵活，技术更新和成果转化更加快捷。面对科学技术突飞猛进的新态势，不创新注定落后，创新慢注定落伍。唯有下好创新“先手棋”，在创新发展上闯出新路子，以科技创新引领全面创新、以创新发展引领全面发展，才能实现创新发展由“立定起跳”向“全面起飞”的根本跨越，才能推动“宿州制造”向“宿州创造”的华丽转身。

（2）要从发展路径看创新，深刻理解创新发展是推动转型升级的必由之路

当前经济发展进入速度变化、结构优化、动力转换的新常态，传统粗放型增长方式已经难以为继，面临着加快“赶”和全面“转”的“双重”考验，肩负着做大总量、做强存量和做优增量的“三重”任务。为此，中央大力推进供给侧结构性改革，省委省政府深入实施“去降补”“全创改”行动，

① 《云聚宿州　共赢未来》，《安徽日报》2017 年 6 月 8 日。

全力应对转型新考验，大力培育发展新引擎，着力引领发展新实践。落实中央和省委省政府部署要求，关键是要坚决摒弃“复制拷贝”的发展理念，彻底丢掉“干粗活打零工”的发展老路，最大限度搭上创新驱动的“头班车”，让创新思维刻印于脑海之中，让创新发展付诸实践之中，让创新成果书写在宿州大地之上，奋力闯出一条后发地区转型升级的发展新路。

（3）要从宿州实践看创新，深刻理解创新发展是破解瓶颈制约的务实之举

近年来，宿州牢固树立了“创新才能更好发展，后发也要高点起步”的理念，矢志不渝推进创新发展，企业研发投入、高新技术企业数量、战略性新兴产业产值实现了高位增长，初步形成了以云计算为代表的高新技术创新，以钱营孜低热值煤发电工程为代表的结构调整创新，以石墨烯、3D打印、无人机为代表的战略前沿创新，成为支撑经济增长的重要力量。但也必须清醒地看到，当前全市经济发展总体上还是依靠资源、资本、劳动力等要素驱动，在创新发展上还是“跟跑者”，有些方面甚至还是“门外汉”。具体来说，创新发展的氛围还不够浓，企业自主创新的内生动力不强，社会总体缺乏创新创业的活力。创新发展的平台还不够多，大中专院校少、科研院所少、专业技术人才少，尚无国家级企业技术中心，科技成果更多的是在院校里、论文里、抽屉里，“最后一公里”依然是创新发展的“痛点”所在。创新发展的投入还不够大，科研经费占GDP比重与全省和全国差距较大。服务创新的水平还不够高，创新体制、创新机制、创新环境等与现阶段的新要求还有一定差距。破解上述难题，实现经济发展方式的根本转变，老路走不通，新路在哪里？就在创新发展上，就在加快从要素驱动、投资规模驱动发展为主向以创新驱动发展为主的转变上。实现既定的目标需要创新来引领，促进经济转型升级需要创新来支撑，破解社会发展难题需要创新来推动。必须把创新发展摆在发展全局的核心位置，争当创新发展的“火线尖兵”，更加坚定地依靠创新破解发展难题，激活内生动力，推动全市创新发展不断取得新成效。

2. 宿州市创新发展实践的思考

（1）基础弱需科学谋划

作为一个经济落后地区，宿州市在经济发展水平上落后东部发达地区

10 年左右，创新发展的水平比较低。主要体现在农业在经济结构中还占有较大比重，工业尚处于规模扩张阶段，企业规模普遍偏小，创新的意识、能力都很低，高校、研发机构等相应的创新资源数量少，水平低。建立在这样的基础上的创新发展，很难如同发达地区，在较短时间内就在创新发展方面取得突出成绩，而只能在赶超式发展进程中，逐步缩小与发达地区差距。因此，要科学谋划，要在推动创新发展的进程中实现经济增长速度与质量的均衡。一方面，在承接东部产业过程中，注重多承接高技术产业或者非高技术产业中的高技术环节，并积极引进相关产业中的研发机构和研发人员，在扩大经济增长规模的同时，稳步提高引进产业的技术含量，促进本地区产业高度的提升；另一方面，积极引导本地企业从事创新活动，通过相关的政策优惠提升企业创新的积极性，逐步构建创新体系来促进创新活动，最终逐渐提升本地企业创新能力和水平。

（2）压力大须创新引领

随着经济进入新常态，我国经济步入中高速增长阶段，经济下行压力的逐渐加大。宿州作为需要以更快速度发展的落后地区，在维持高速增长方面面临的压力明显。具体体现在：县域经济不强，新的增长动力不足；工业基础薄弱，企业生产经营转型不适，战略性新兴产业规模偏小，工业强市兴县之路任重道远；财政增收放缓，政府债务风险开始显现等等。在这种情况，宿州市将面临保经济增长和创新发展的双重任务，而在短期内二者具有一定的矛盾，即单方面追求经济增长往往会影响到创新发展，而强调创新发展也需要在经济增长速度方面做出一定的牺牲。对经济发达地区来说，这二者的矛盾构成的影响可能不大，但是对宿州而言，在这方面，宿州立足自身实际，结合未来发展需要，积极深化创新城市建设，建立完善以企业为主体、市场为导向、产学研管相结合的创新体系。围绕着当前宿州市产业链积极发展创新链，积极支持企业与高校、科研机构实行各种层次的合作。宿州的高校和科研机构数量较少，且科研实力较弱，而企业的研发实力也较为薄弱，对此，宿州需要积极引进外部科研资源，积极为本地企业与其他地区的高校和科研机构合作提供平台，广泛探索涉及科技咨询、技术攻关、成果转化、人才培养等各种形式的产学研合作，逐步建立起内外部机构紧密合作、合作形式广泛多样、创新效率显著的地区创新体系，为本地区的技术创新和经济发展提供有力保障。在全面改革支持创新发展方面，宿州市围绕中央的要求，结合地区发展实际，制订了全面改革相关方案，并积极强化落实，努力做到实处。一方面，在深化改革进程中，将与技术创新相关的诸多制度方面进行改革，创造了有利于企业发展与创新的环境。例如，在全面改革中，特别强调市场在资源配置中其决定性作用，以简政放权为突破口，积极完善市场机制，促进企业经营的积极性和自主性，为企业技术创新活动创造良好的条件。另一方面，直接针对技术创新活动，出台相关的改革措施。在这领域，中共宿州市委市政府出台了《加快调结构转方式促升级实施方案》《关于加大改革创新力度加快农业现代化建设的实施意见》等一系列专项文件，其中多项措施直接针对技术创新领域。整体而言，宿州市已经初步建立适应本地技术创新需要的改革措施体系，当然，随着相关政策的实施与经济情况的变化，这些政策还需要与时俱进进行改革。

（3）起步迟要万民参与

受限于现实条件，宿州市在推进创新发展方面，起步较晚，有效的政策抓手较少。以技术创新为例，发达地区促进技术创新除了资金、税收等方面的政策外，它们的经济环境、人才支撑、创新基础、高校和科研机构等都能构成促进创新的有效手段。而与这些地区相比，除了税收、创新平台等广惠、普及型的措施外，宿州只剩资金扶持一个有效手段，而在当前，受到多种因素影响，其效果日趋减弱，而减弱的财政实力，也限制了宿州过分使用此手段。在这种情况下，宿州市出台的诸多创新发展政策，许多是直接照搬了国家和省的相关精神或者政策，而经济的发展实际也决定了这些本是按照发达或者较发达地区的实际情况提出的针对性措施遇到了“水土不服”的情况，但大众创业万众创新对宿州市创新发展却具有重要作用。宿州市作为一个经济发展滞后的地区，对人才的吸引力较弱，人才对经济的支撑相对不足。但是，这并不意味着宿州市并没有人才，通过大众创业万众创新的相关活动，能够有效激发这些人才的创业和创新激情，发挥他们的内在潜力，提高整体经济的活跃度，并能创造一个更有利于创新和经济发展的氛围。同时，应紧紧围绕宿州学院、宿州职业技术学院等高校，积极推广大学生创新创业活动，以便将学校内潜在的人才挖掘出来，并为其以后留在本地打好基础，为技术创新的人才基础工作增砖添瓦。

二、协调发展，实现区域发展新突破

习近平总书记在党的十九大报告指出，实施区域协调发展战略，发挥优势推动中部地区崛起，建立更加有效的区域协调发展新机制。安徽省委强调，统筹推进协调发展行动，着力加快建设城乡区域一体发展新体系。宿州市委要求，更加突出协调发展，城区、园区、农区统筹推进。“千钧将一羽，轻重在平衡”。面向“十三五”，进入全面建成小康社会的最后冲刺阶段，啃的是“硬骨头”，趟的是“深水区”，打的是“攻坚战”，牢固树立一盘棋思想，在协调发展中拓宽发展空间，在补齐短板中增强发展后劲，我们就能实现整体功能最大化，进而形成决胜“十三五”的强劲势能，奏响全面建成小康社会交响曲、民族伟大复兴进行曲。宿州市委贯彻落实中央和省委部署，坚持以人为本，遵循“一尊重、五统筹”的要求，按照“城乡一体化、城镇田园化、全域景区化”的理念，围绕“一中心、两新区、三闭合”的整体思路，着力抓好城乡规划、建设、管理各项工作。

（一）深刻认识协调发展理念的内涵与意义

1. 深刻认识协调发展的新内涵

协调发展理念，重点回答了国家未来怎样推进发展的方式，以及如何正确处理发展中的重大关系等问题，要求我们善于用辩证思维推动工作，在增强国家硬实力的同时，还要注重提升国家软实力，正如习近平总书记在关于《中共中央关于制定国民经济和社会发展第十三个五年规划的建议》的说明中指出的，要从“推动展开区域协调发展、城乡协调发展、物质文明和精神文明协调发展、经济建设和国防建设融合”这四个方面来坚持协调发展。实践中，要精准把握协调发展理念的深刻内涵，实事求是、因地制宜地把协调发展理念落到实处，既突出重点，也统筹兼顾，着力形成平衡发展结构，实现物质文明与精神文明的协调发展，才能取得实实在在的发展成果。

协调是持续健康发展的内在要求，不断增强发展整体上的协调性，才能使中国经济发展行稳致远。作为世界上最大的发展中国家，2020年“实现国内生产总值和城乡居民人均收入比2010年翻一番”，我国必须保持一定的经济增速。初步测算，“十三五”时期，国内生产总值年均增速需保持在6.5%以上，主要经济指标平衡协调，才能实现翻一番目标。即使实现全面建成小康社会目标之后，相当长时间仍需保持一定的经济增速，才能实现两个百年奋斗目标，建成社会主义现代化国家。实现全面建成小康社会的宏伟目标，重在统筹兼顾。回顾本世纪以来的经济社会发展，“协调”越来越受到重视。经济增长的要素投入结构、需求结构、供给结构持续优化，区域城乡之间的发展差距正在逐步缩小，为全面坚持小康社会奠定了扎实基础。“十二五”以来，特别是党的十八大以来，在国内外经济形势复杂多变的环境中，我国经济持续稳定增长。但与此同时，经济社会发展中不平衡、不协调、不可持续问题仍然突出，如区域发展不平衡、城乡发展不协调、物质精神文明发展不同步等矛盾，不仅会加大经济下行压力，也很可能制约长期可持续发展。

全面小康，不仅看总量，更要看质量；不仅要在物质上实现富裕，精神生活、文化素养也需要同步提高。一个国家的国民素质和社会文明程度，与文化密不可分。国家综合国力的竞争，既是以经济、科技为核心的“硬实力”较量，同时也体现在以精神文明建设引领的“软实力”角逐。顾此失彼，会导致发展失衡；统筹兼顾，是对各级政府治理能力的考验。“十三五”期间，我国仍处于重要战略机遇期，仍然有着坚实的增长基础，经济发展有着巨大空间。如何拓展发展空间？“协调”二字指明了方向——弥补城乡区域之间的发展失衡，补齐新型工业化、信息化、城镇化、农业现代化中的短板，着力提高发展的协调性和平衡性，进一步发展的动能就能得到释放。

坚持协调发展，必须牢牢把握中国特色社会主义事业总体布局，正确处理发展中的重大关系，重点促进城乡区域协调发展，促进经济社会协调发展，促进新型工业化、信息化、城镇化、农业现代化同步发展，在增强国家硬实力的同时注重提升国家软实力，不断增强发展整体性。增强发展协调性，必须在协调发展中拓宽发展空间，在加强薄弱领域中增强发展后劲。习近平总书记指出，协调既是发展手段又是发展目标，同时还是评价发展的标准和尺度。从理论上说，协调指科技、经济、生态、社会与人的发展之间的相互促进、共同提高。协调发展是社会发展的内在要求，其根源在于社会与自然、人与人之间存在交互作用，它们之间的关系不协调必然影响社会的存在和发展。协调发展可以通过对抗性和非对抗性两种形式取得，不能形而上学地理解协调，以为协调了就是没有矛盾了，其实协调只是暂时的处于相对平衡状况的矛盾关系的反映，旧的矛盾解决了，新的矛盾又会出现，协调总是在这种不断地矛盾运动中走向更高的水平。协调发展是一种动态的过程。社会发展与经济增长不同，经济的持续增长是不可能的，由于种种原因经济增长会停滞甚至倒退。但是社会发展具有积累性、不可逆性的特点，在经济增长停滞的情况下仍然可以维持一定时期的社会发展，随着经济的复苏社会发展又会加快进行下去，所以持续发展是完全可能的。

2. 深刻认识协调发展理念的意义

协调与失衡相对立。历史上，失衡的发展、失衡的体制使一些国家落入“陷阱”、陷入灾难。协调发展理念，是认识把握协调发展规律提出来的，是总结中外经济社会发展经验教训提出来的，是正视我国发展存在的不平衡问题提出来的，目的在于促进我国经济社会行稳致远。

（1）协调发展吸取世界发展经验教训，是避免落入“中等收入陷阱”的有效之举

发展是一个整体、一个系统，需要各方面、各环节、各因素协调联动。需求无限性与供给有限性的矛盾、此消彼长或此强彼弱的矛盾、发展慢与发展快的矛盾长期存在。消弭这些矛盾，既要推进发展，又要搞好协调，实现统筹兼顾、综合平衡。这个世界，各个国家和地区都在求发展、

谋发展，但发展从来不可能一蹴而就，发展进程从来不会一帆风顺，总要遇到这样那样的麻烦和陷阱，最棘手的是“中等收入陷阱”。二战结束不久，许多国家和地区进入中等收入发展阶段，协调好的国家和地区跨过了“中等收入陷阱”，协调不好的国家则落入了“中等收入陷阱”，难以进入高收入发展阶段。拉美一些国家已在“中等收入陷阱”里受困挣扎长达数十年。它们除了经济发展停滞不前，还饱受就业困难、贫富分化、社会动荡、腐败多发、贫民窟乱象、公共服务短缺等的困扰。因此，发展均衡与否、协调与否，成为衡量世界各国能否可持续发展的一把尺子、一道杠杠。习近平同志指出，“对中国而言，‘中等收入陷阱’过是肯定要过去的”。树立协调发展理念，坚持协调发展，是我国跨越“中等收入陷阱”的一大法宝。有了它，就能补短板、强整体、破制约，增强发展的平衡性、包容性、可持续性，促进各区域各领域各方面协同配合、均衡一体发展，为实现“两个一百年”奋斗目标和中华民族伟大复兴的中国梦铺路架桥。

（2）协调发展增强发展整体性，是全面建成小康社会的决胜之举

办成一件事，需要协调；推进一项事业，需要协调；成就一番伟业，更需要协调。协调是成事的一大规律、一把“金钥匙”，是全面建成小康社会决战决胜的一大核心理念。当前和今后五年，我们的中心工作是全面建成小康社会。全面小康，重在“全面”，难在“全面”。这个“全面”，既要城市繁荣，也不让农村凋敝；既要东部率先，也要西部开发、中部崛起、东北振兴；既要物质丰裕，也要精神丰富；既要金山银山，也要绿水青山。现在，一些地方存在的只要城市这一头而丢了农村那一头、只有经济增长而无生态改善、只鼓了钱袋子而空了脑瓜子等现象，都不符合全面小康要求，也不是人们理想的幸福生活图景。要“全面”，就得协调。“全面”不是自然形成的，而是协调出来的。协调就得统筹兼顾、注重平衡、保持均势，把分散的部分系统化，把发散的局部功能整体化，把薄弱区域、薄弱领域、薄弱环节补起来，形成平衡发展结构，增强发展后劲。只有牢固树立协调发展理念，坚持协调发展，才能解决我国发展中存在的区域、城乡、物质文明和精神文明、经济建设和国防建设不协调问题，促进新型工业化、信息化、城镇化、农业现代化、绿色化同步发展，在增强国

家硬实力的同时提升国家软实力，不断增强发展的整体效能，进而全面建成让人民满意的小康社会。

（3）协调发展彰显发展规律性，是提高把握发展规律能力的科学之举

马克思主义认为，人类社会是一个由各种相互联系、相互制约、相互转化的因素和领域构成的“有机体”，“这里表现出这一切因素间的交互作用，而在这种交互作用中归根到底是经济运动作为必然的东西通过无穷无尽的偶然事件……向前发展”“这样就有无数互相交错的力量，有无数个力的平行四边形，而由此就产生出一个总的结果，即历史事变”。马克思主义关于发展的有机整体论、交互作用论、合力论等，是对人类社会发展规律的科学认识。习近平同志指出，“发展必须是遵循经济规律的科学发展，必须是遵循自然规律的可持续发展，必须是遵循社会规律的包容性发展”，必须“着力提高发展的协调性和平衡性”，强调要遵循经济规律、自然规律、社会规律，实现科学发展、可持续发展、包容性发展，提高发展的协调性和平衡性。这是对马克思主义人类社会发展规律的深化和具体化，是促进当代经济社会科学发展的创新理论，是当代中国切实管用的协调发展观。我们要以马克思主义为指导，深入学习习近平同志系列重要讲话精神和关于协调发展的重要论述，“向中央基准看齐”，提高认识发展规律和协调发展规律的能力，提高按协调发展规律办事、促进各项事业协调发展的水平[①]。

3. 深刻认识协调发展理念的要求

协调与整体关系密切。协调的范围是整体，协调的方式是发挥整体效能，协调的目的是增强发展的整体性。作为发展理念，协调有其明确内涵和要求，主要是着力解决我国长期存在的发展不平衡问题，促进经济社会持续健康发展，实现整体功能最大化。协调发展是关系我国发展全局的一场深刻变革，要求按照中国特色社会主义事业总体布局和“四个全面”战略布局，在坚持以经济建设为中心的同时，全面推进经济建设、政治建设、文化建设、社会建设、生态文明建设，促进现代化建设各个方面、各个环节相协调，促进生产关系与生产力、上层建筑与经济

① 任理轩：《坚持协调发展》，《人民日报》，2015 年 12 月 21 日 07 版。

基础相协调。

（1）坚持区域协同、城乡一体发展

协调要求区域平衡，实现区域整体平衡发展。我国国土辽阔，不同地区之间自然条件不同、资源禀赋各异、历史基础有别，因而长期存在较大发展差距。这就需要统筹东中西、协调南北方，继续实施西部开发、东北振兴、中部崛起、东部率先的区域发展总体战略，重点实施“一带一路”、京津冀协同发展、长江经济带三大战略，加快构建要素有序自由流动、主体功能约束有效、基本公共服务均等、资源环境可承受的区域协调发展新格局，推动区域协调发展。由于长期存在城乡二元结构，我国城乡差距较大，有的地方“城市像欧洲、农村像非洲”，有的地方市民满意、农民失意。这就需要健全城乡发展一体化体制机制，坚持工业反哺农业、城市支持农村，推进城乡要素平等交换、合理配置和基本公共服务均等化，努力实现基本公共服务常住人口全覆盖，促进农业发展、农民增收，提高社会主义新农村建设水平。区域、城乡协调发展了，我国发展就有了崭新的空间布局、合理的利益格局，就会获得广阔发展空间和充足发展后劲。

（2）坚持经济建设与社会建设同步发展、经济建设与国防建设融合发展

协调要求各领域整体平衡，着力推动经济建设与社会建设、经济建设与国防建设等领域的整体平衡。改革开放以来，我国经济快速发展，相形之下，社会建设比较滞后，出现“一条腿长，一条腿短”的问题。在经济发展水平不高的情况下，集中精力把经济搞上去是必要的，但在经济总量做大以后则要注意经济和社会之间的平衡，否则就会出现“中等收入陷阱”“阿喀琉斯之踵”等病灶，引发一系列社会矛盾。这就要求在发展经济的同时投入更多的精力和资源做好教育、就业、社会保障、医疗和公共卫生、环境保护等工作，解决人民最关心最直接最现实的利益问题，让全体人民共享发展成果。同时必须看到，维护发展成果需要强大的国防能力、稳定的发展环境。经济建设与国防建设是唇齿相依的两个方面。现阶段坚持以经济建设为中心，不能延缓和抑制国防建设。特别是当今世界还很不安宁，没有强大的国防，就不可能顺利进行经济建设，加强社会建设和维护人民利益也就成为一句空话。这就要求把国防建设深深根植于国家

经济社会母体，加快形成全要素、多领域、高效益的军民深度融合发展格局，既使国防建设从经济建设、社会建设中获得更加深厚的物质支撑和发展后劲，也使经济建设、社会建设从国防建设中获得更加有力的安全保障和技术支持。

（3）坚持物质文明和精神文明并重

协调要求“身”“心”系统平衡，大力推动物质文明和精神文明平衡发展，坚持两个文明并重。对于两个文明协调发展，邓小平同志早就提出“两手抓，两手都要硬”，但实际上物质文明这一手抓得比较硬、精神文明这一手抓得比较软的现象还在一定程度上存在。一些地方把 GDP 增长作为硬指标，把丰富人们精神世界作为软约束，在发展中只注重提升经济实力，忽视思想文化建设和社会文明程度提高。这就需要坚持物质文明和精神文明协调发展，两轮驱动、双翼共振，促进“硬实力”和“软实力”一起增强；坚持社会主义先进文化前进方向，加快文化改革发展，加强社会主义精神文明建设，建设社会主义文化强国；加强国际传播能力建设，推动中华文化走出去。历史一再证明，人民有信仰，民族才有希望，国家才有力量。当前，必须坚持用中国梦和社会主义核心价值观凝聚共识、汇聚力量，引导人们坚定道路自信、理论自信、制度自信、文化自信，团结全国各族人民同呼吸、共命运、心连心，更好建设社会主义现代化强国。

（4）促进新“四化”同步协调发展

“十三五”期间，要促进新型工业化、信息化、城镇化、农业现代化同步发展，不能有所偏废，为实现全面小康和中华民族的伟大复兴打下坚实的物质基层。习近平指出：“用循环经济和生态经济的理论来指导工业发展，实现工业化和资源、环境、生态的协调发展。”习近平强调：“在产业结构层面，要大力构建以现代服务业和先进制造业为主体的资源节约型产业框架，在改善劳动密集型产业的同时，逐步以知识密集、技术密集、资本密集的环境友好型产业取代现有的资源密集型和土地密集型产业；依靠科技进步，推进三次产业之间优势互补，协调好产业之间的资源循环利用。”

（5）促进人与自然的和谐共生

以人为本是党的执政理念，人民是发展的目的和落脚点。五中全会指出："促进人与自然和谐共生，构建科学合理的城市化格局、农业发展格局、生态安全格局、自然岸线格局，推动建立绿色低碳循环发展产业体系。加快建设主体功能区，发挥主体功能区作为国土空间开发保护基础制度的作用。"习近平指出："资源开发不是单一的，而是综合的；不是单纯讲经济效益的，而是要达到社会、经济、生态三者效益的协调。"习近平指出："我们党提出的以人为本，全面协调可持续的发展观，立足于世界大势和我国国情，是基于对当今世界发展实践的审视和思考，是对多种发展理论的合理借鉴、创新和超越，是最富有系统性、科学性和时代性的发展观。"

（6）用好"两种资源"促进"两个市场"的协调发展

当今，世界经济互相渗透，高度融合，"十三五"期间必须站在世界看中国，跳出国内谋发展，充分利用好国内国外两种资源、两个市场。习近平指出："我国已经进入了实现中华民族伟大复兴的关键阶段。中国与世界的关系在发生深刻变化，我国同国际社会的互联互动也已变得空前紧密，我国对世界的依靠、对国际事务的参与在不断加深，世界对我国的依靠、对我国的影响也在不断加深。我们观察和规划改革发展，必须统筹考虑和综合运用国际国内两个市场、国际国内两种资源、国际国内两类规则。"五中全会指出："培育发展新动力，优化劳动力、资本、土地、技术、管理等要素配置，激发创新创业活力，推动大众创业、万众创新，释放新需求，创造新供给，推动新技术、新产业、新业态蓬勃发展。"2013年12月23日至24日，在中央农村工作会议上习近平总书记强调："善于用好两个市场、两种资源，适当增加进口和加快农业走出去步伐。高度重视节约粮食，让节约粮食在全社会蔚然成风。"

（7）处理好"两只手"的关系

关于政府和市场的关系，习近平认为，关键是发挥"两只手"，即市场这只"无形的手"和政府这只"有形的手"之间的作用协调问题。习近平指出："使市场在资源配置中起决定性作用、更好发挥政府作用，既是一个重大理论命题，又是一个重大实践命题。科学认识这一命题，准确把握其内涵，对全面深化改革、推动社会主义市场经济健康有序发展具有重大意义。在市场作用和政府作用的问题上，要讲辩证法、两点论，'看不见的手'和'看得见的手'都要用好，努力形成市场作用和政府作用有机统一、相互补充、相互协调、相互促进的格局，推动经济社会持续健康发展。"2013 年 9 月 5 日习近平出席二十国集团领导人第八次峰会时指出："中国将加强市场体系建设，推进宏观调控、财税、金融、投资、行政管理等领域体制改革，更加充分地发挥市场在资源配置中的基础性作用。"2013 年 7 月 23 日习近平在武汉召开部分省市负责人座谈会时强调："进一步提高宏观调控水平，提高政府效率和效能。以加快转变政府职能为抓手，处理好政府和市场的关系。"

（二）协调发展的宿州实践

1. 宿州协调发展实践的规划目标

在"十三五"规划纲要中，宿州市提出"突出协调发展，形成统筹推进新格局"，要"坚持城乡统筹，推进产业布局、基础设施网络、公共服务设施、生态环境一体化发展。坚持物质文明精神文明并重，经济建设国防建设融合，在协调发展中拓宽发展空间，在加强薄弱领域中增强发展后劲"。

（1）协调城乡发展

第一，优化城镇空间格局。

以宿州中心城市为核心，京台高速和 206 国道发展轴连接宿州、淮北和徐州，310 国道和 301 省道发展轴连接萧县、砀山县城镇板块，343 国道发展轴连接灵璧县、泗县城镇板块，优化"一核、多轴、两板块"的城镇空间结构，努力形成以市区为核心、以县城为骨干、以乡镇为节点，功能定位清晰、片区布局合理、协同互动发展的区域城镇新格局。

要提升中心城市能级。全面推进"大宿城"发展战略，编制"大宿城"发展规划，加快完善城市空间格局，提高城市综合承载能力。重点向东、向北发展，向南适当发展，积极争取新设市辖行政区。主城区（老城区）加大改造力度，改善人居环境，提升城市品质，增强城市中心商圈的吸引力和辐射力。汴河新区重点发展云计算、文化创意、智能制造等产业，强化城市副中心功能，提高人口集聚能力，打造政务、文化、人居和高新技术研发中心。城南片区重点发展制鞋、生物医药、机械装备产业，完善城市功能，优化用地结构，推进产城融合，打造产业新区、人居新城。城东片区重点发展纺织服装、商贸物流等产业，加快推进旧城改造，加大基础设施投入，强化产业集聚，建设城东新城。高铁片区重点发展食品加工、机械装备制造、新能源新材料等产业，加快建设物流服务业集聚区，打造合作共建、产城融合、创业创新示范区。促进符离镇融入汴河新区、朱仙庄镇融入城东新区、桃园镇融入城南片区、蒿沟乡融入高铁片区一体化联动发展，加强与中心城区功能共享。

要提升园林城市建设水平。强化建筑色彩、景观轴线、节点地标的高水平设计，塑造皖北水城和汉风雅韵的城市风貌特色。编制和完善中心城市绿地系统规划、门户景观建设规划等专项规划，围绕新汴河、沱河、濉河和唐河、芦岭湖、桃园湖等景观区，形成“两河三岸，三园抱城”的城市园林景观总体结构，构建“绿水穿城、绿楔润城”的空间格局。深入挖掘汉文化建筑元素，开展汴北新区核心区、道东片区、新汴河两岸地区等重点街区和滨水廊道、景观廊道城市设计，改造提升三角洲公园、沱河景观带、环城公园、运粮河公园、雪枫公园。结合旧城改造，充分保护开发隋唐运河遗址，挖掘运河文化，探索古运河两岸特色街区塑造，增加城市历史记忆。

要加快县城提质扩容。推进县城进一步拉开城市框架，加快向重要交通节点拓展建成区范围。大力实施“555”工程，支持县城按照中等城市标准规划建设。以治脏、治乱、治违和增强功能、增加绿量、增进文明为突破口，建设特色彰显、功能完善、环境优美的县城，不断提升县城对县域经济社会发展的集聚、辐射和带动作用，打造区域次中心城市。支持有条件的县有序推进县改市工作。到 2020 年，力争两个以上县城建设成为 30 万人口的 I 型小城市。

要加强重点镇建设。充分发挥人口集聚型、交通枢纽型、历史文化型和特色产业型重点镇功能，推进乡镇差异化、特色化、品质化发展。加快建设芦岭镇、大店镇、蕲县镇、李庄镇、白土镇、渔沟镇、大庄镇等重点镇，提高乡镇综合承载力，增强产业和人口集聚能力，构建新型城镇化和城乡统筹发展的重要载体。稳步开展撤乡并镇、撤乡设镇工作，适当减少乡镇数量。推进符离镇等开展“镇当县建”试点，每个县区打造1～2个具备小城市功能的重点镇。

第二，推进以人为核心的新型城镇化。

城乡发展更加协调。城镇化水平和质量进一步提高，中心城市实现“双100”目标，城区面积达到100平方公里、常住人口100万人。四个县城进一步提质扩容，重点城镇能级迅速提升，美好乡村建设深入推进，城乡一体化进程步伐加快，综合承载力显著提升。围绕“人、地、钱、规划、建设、管理”，加快形成有利于新型城镇化发展的体制机制，增强城镇承载能力和要素保障能力，有序引导农业转移人口就地市民化。到2020年，全市常住人口城镇化率达到50%，户籍人口城镇化率达到28%。

要深化户籍制度改革。全面放开城镇落户限制，加快农业转移人口市民化，并与城镇居民有同等权利和义务。实施居住证制度，拓宽居住证的服务保障功能，全面实现城乡创业就业、义务教育、住房保障、医疗卫生保障、养老服务等基本公共服务“五有并轨”，努力实现基本公共服务常住人口全覆盖。实现进城落户农民土地承包权、宅基地使用权及其地上房屋所有权、集体收益分配权、征地补偿权等“五权保障”，支持引导依法自愿有偿转让。建立农业转移人口市民化配套机制，健全实际居住人口登记制度、人口信息管理制度，完善城镇人口统计相关工作机制。落实和实施财政转移支付同农业转移人口市民化挂钩机制、城镇建设用地增加规模同吸纳农业转移人口落户数量挂钩机制。

要提高城市规划建设管理水平。坚持精品规划。高位对接全省城镇体系规划，完善全市城镇规划体系，推进“多规合一”，加强空间开发利用管制。加强对城市空间立体性、平面协调性、风貌整体性、文脉延续性等方面的规划和管控，加强城市特色塑造。有效协调各类专项建设规划，划定城市发展空间、生态保护空间、重大基础设施建设廊道空间，强化空间资源配置。加快制定城市开发边界，划定“三区四线”和基本农田、生态保护红线。坚持精致建设。加快提升公共基础设施、公共服务设施、精品建筑等重点领域城市建设水平，增强城市的综合承载功能。深入开展治理违法建筑、违法用地和改造棚户区、城中村、老旧小区专项行动，大力提升城市建设水平。坚持精细管理。健全城市治理委员会管理机制，健全城市管理问题、任务、措施、责任等清单制度，加快构建政府主导、部门共治、社会协同、群众参与的城市综合治理系统。深入推进城市管理执法体制改革，理顺管理体制，强化队伍建设，提高执法水平，创新治理方式，促进城市运行高效有序。

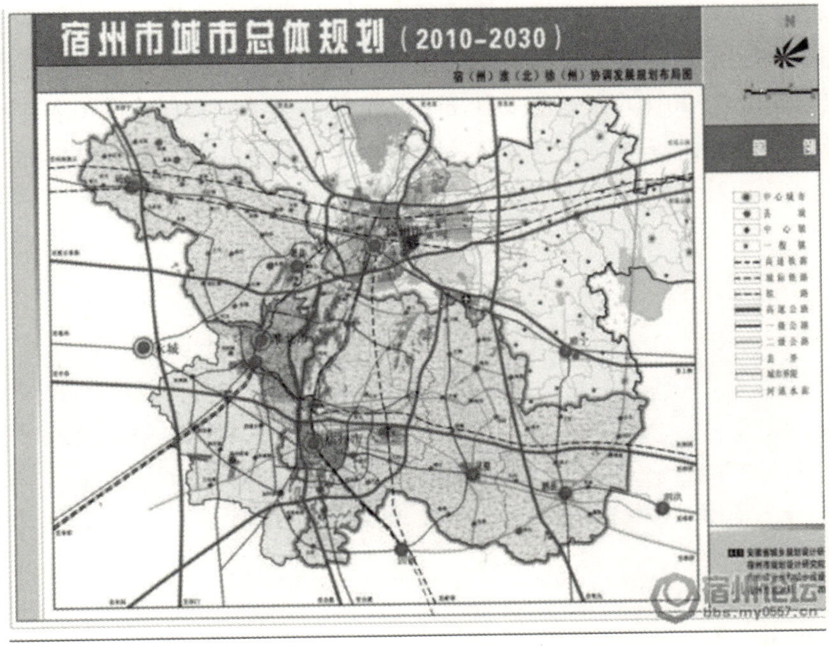

宿州市城市总体规划（2010—2030）

第三，加快美丽乡村建设。

要坚持农民主体地位，广泛开展自然村环境整治，提高美丽乡村规划建设管理水平，加快推进中心村建设，全面实施美好乡镇建设，实现美丽乡村建设由“以点为主”向“由点带面”战略转换。提高村庄规划建设水平，优化空间布局，加强对农村居民住宅建设管理，合理控制村庄聚集规模。充分尊重传统的村落布局模式，形成地域性的乡村风貌，系统保护乡村历史文化遗产、景观风貌和人文资源，推进历史文化名村建设，传承乡土文化形式和内涵。加大财政投入力度，完善涉农资金整合机制，加快农村道路、电网、通信、安全饮用水等基础设施建设，不断完善学校、卫生所、文化站、邮政网点等公共服务设施。加强和改善农村社会综合管理，倡导文明新风，培育科学、健康、文明的生活方式。结合农村清洁家园、清洁田园、清洁水源建设，深入推进“三线三边”和农村环境综合治理，全面改善农村生产生活条件，健全环境长效管护机制，努力打造农民幸福生活美好家园。优先开展乡镇政府驻地中心村建设，同步推进乡镇政府驻地建成区整治建设，2017 年，全市所有乡镇基本实现乡镇政府驻地美丽乡村建设和建成区环境治理的“全覆盖”。加快泗县美丽乡村建设整县推进试点工作，到 2018 年，80% 以上布点中心村达到美丽乡村建设要求，90% 以上村庄生活垃圾得到有效治理。到 2020 年，确保美丽乡村建设目标与全面建成小康社会同步实现。

美丽乡村 · 宿州市泗县秦场村

第四，强化城乡基础设施建设。

按照“提质提效、完善功能、保障发展、改善民生”的原则，继续扩大有效投入，加快提升基础设施现代化水平，着力增强经济社会发展承载力。

要加强水利基础设施建设。按照“节水优先、空间均衡、系统治理、两手发力”的治水思想，大力发展现代水利，提升防洪减灾能力，保障水资源供给。第一，工程水利。加快实施怀洪新河洼地治理、中小河流治理、城市及工业园区防洪排涝、老汪湖蓄滞洪区改造、中型病险水闸加固等工程，大力推进奎濉河治理、新汴河洼地治理等工程，逐步建立较为完善的防洪排涝减灾体系。力争新汴河大堤城区段及城市防洪能力达到 100

年一遇，奎濉河、沱河、北沱河、唐河、大沙河等重要支流防洪标准达到20年一遇。第二，资源水利。加快实施淮水北调宿州配水工程、城市和县城应急（备用）水源地及配套管网建设工程、抗旱应急水源工程，大力推进南水北调东线调水至萧砀工程、采煤沉陷区雨洪资源利用蓄水工程。全面实施城市水源工程，有序推动城区和县城应急（备用）水源地及配套管网工程建设，逐步提高水资源供给能力。全面实施农村饮水安全巩固提升工程。第三，民生水利。加快粮食主产区农田水利建设步伐，推进小型农田水利重点县、农田水利“八小工程”、新增千亿斤粮食田间工程等重点项目。加快推进大中型灌区续建配套，重点实施新汴河灌区续建配套与节水改造等工程建设。加强农村沟渠与排水系统建设和整治。力争在“十三五”期间，每年建设1～2个重点中型灌区，新增有效灌溉面积22万亩，改善灌溉面积30万亩，恢复灌溉面积6万亩。

宿州市砀山县农村水利工程建设

要强化能源基础设施支撑。坚持保障发展和环保优先，进一步优化能源供给和利用方式，推动煤电产业、新能源产业可持续发展，构筑多元、安全、高效、绿色能源供应保障体系。第一，稳步推动煤炭资源开发。加大化解过剩产能力度，推进矿权整合，关闭退出资源枯竭、灾害严重、扭亏无望等矿井，有序开发煤炭资源。实施煤炭资源安全改造工程，推进煤炭绿色开采，加强矿区资源综合利用，促进煤炭清洁高效转化，延伸产业链条，重点推进宿南煤层气开采。开展张大屯、朱楼煤矿前期工作。第二，有序推进煤电联营电源点建设。重点发展低热值煤发电、资源综合利用发电项目。建成宿州钱营孜低热值煤发电工程，推进宿州祁县低热值煤发电、华电宿州电厂二期扩建工程。第三，大力发展新能源发电产业。因地制宜发展风能、太阳能、生物质能等新能源和可再生能源，有序替代传统煤电消费。支持建设低风速技术装备的风电场，促进风电集中连片开发。鼓励利用荒山荒坡、滩涂、大棚、采煤沉陷区等建设光伏电站，利用企业厂房、公共设施、城乡社区等发展分布式光伏发电。充分利用农业秸秆资源，推动城乡垃圾资源化利用，大力发展生物质发电和生活垃圾发电。积极推广普及新能源汽车应用，加快推进电动汽车充电基础设施建设。稳步开展地热能、空气能利用。力争到2020年，全市新增风电装机容量500MW，新增光伏发电装机容量1300MW，生物质能发电装机规模达到200MW，新能源电力装机累计2000MW，建成集中式充换电站50座和分散式充电桩1.8万个，打造国家新能源应用示范城市。第四，加快电网、油气管网基础设施建设。适应城乡发展和产业升级新要求，全面实施电网滚动规划，加快电网建设。大力发展智能电网，加大城乡配电网建设改造力度，力争2020年，电网结构更加优化合理。实施天然气综合利用工程，全面落实天然气发展利用规划，加快建设天然气输气管道、门站、加气站和液化天然气储备设施，积极发展天然气分布式能源。到2020年，实现天然气管道县县通，全市年用气量达3亿方，为“气化宿州”奠定基础。

要改善城市基础设施。加快完善城市交通、供排水、综合管廊、公共安全等基础设施，构建安全高效便利的市政公用设施网络体系，不断提升城市综合承载能力。第一，城市交通。加快中心城区和县城道路、桥梁等工程建设，构建高效便捷的城市快速路网体系。加强城市功能片区间联系，积极谋划推进宿州城市轨道交通项目，适时推动轨道交通延伸至灵璧、泗县，支持萧县对接徐州地铁1号线建设。坚持公共交通优先发展，优化线路布局，谋划设计公交专用道，加快公交首末站建设，推动农村客运班线公交化，方便城乡居民出行。进一步健全城市慢行交通体系，完善公共自行车系统，加快城市绿道建设，主城区绿道实现循环。第二，供排水和垃圾处理设施。以

宿州市光伏发电助力脱贫攻坚

“海绵城市”的理念修编城市总体规划、控制型详细规划，科学编制城市排水防涝、绿地水系等专项规划，在新建城区、新建园区、旧城改造等领域，优化城市绿地与广场建设，综合采取“渗、滞、蓄、净、用、排”等措施，加快建设“海绵城市”。推进供水、排水、污水处理统一规划、建设和管理，加快雨污分流改造，提高供排水管网有效覆盖率、城镇集中供水率、污水集中处理率，提升给排水保障能力。加快配置城乡标准化垃圾收集箱、垃圾处置点、垃圾收集车、机械化清扫车等垃圾处理设施，实现中心城区和县城垃圾集中处理厂全覆盖。第三，城市地下管线。编制城市地下管线综合规划，统筹城市燃气、热力、电力、通信、广播电视、工业等管线及其附属设施入地，改造老旧管网，提高维修、养护和改造管理水平。推进城市新建道路、工业园区地下综合管廊建设，同步配套消防、供电、照明、监控与报警、通风、排水、标识等设施。探索建设维护、定价收费、运营管理等新模式，提高综合管廊建设管理水平。第四，公共安全设施。加快完善城市气象灾害监测和预警体系建设，重点推进县区气象防灾减灾工程。高标准建设地震预报、监测系统和防震工程。加强公共消防基础设施建设，加快布点消防站和消火栓，提升城镇抵御火灾的能力。加快人防设施建设，推进组织指挥系统和通信警报网络系统。有序建设突发灾害和安全事件的人口疏散、隐蔽和物资储运基地及相应的配套工程。

（2）加强精神文明建设

发展中国特色社会主义文化，就是以马克思主义为指导，坚守中华文化立场，立足当代中国现实，结合当今时代条件，发展面向现代化、面向世界、面向未来的，民族的科学的大众的社会主义文化，推动社会主义精神文明和物质文明协调发展。

宿州市文明城市创建工作

第一，提高公民素质。用中国梦和社会主义核心价值观凝聚共识、汇聚力量，弘扬社会主义先进文化，全面提高公民文化素质。加强思想道德建设和社会诚信建设，增强国家意识，倡导文明、和谐、进取、自律，唱响主旋律，传播正能量，形成讲正气、知荣辱、乐奉献、敢担当的良好风尚。弘扬法治理念、法治精神，引导人们自觉尊法学法守法用法。传承中华民族优秀传统文化，深入推进社会公德、职业道德、家庭美德、个人品德建设，构建崇德向善的社会价值取向。培育科学创新精神，弘扬创新创业风尚，建设学习型社会，营造奋发进取、开放包容、风清气正的社会风气。广泛开展群众性精神文明创建及文体活动，不断提高社区文化、村镇文化、企业文化、校园文化等建设水平。倡导全民阅读，提升公民人文素养和审美情趣，塑造良好的人文环境，共建人文宿州。以“十六城同创”为抓手，争创全国文明城市。

第二，完善公共文化服务。发挥文化在提升居民整体幸福指数中的巨大作用，推动基本公共文化服务标准化、均等化发展。继续完善市、县（区）、乡（镇）三级公共文化基础设施，基本实现公共文化服务设施规范化，人才队伍建设制度化。加快市级文化设施、县（区）公共图书馆、博物馆、文化馆、科技馆等场馆建设。优化提升街道、乡镇综合文化活动中心，建设农民文化乐园和城市社区文化活动中心。

宿州市孝廉文化主题社区

第三，丰富文化产品供给。创新文化服务方式，加大政府文化服务采购力度，推进公共文化设施、文化资源和文化产品“菜单式”“订单式”服务。鼓励文化协会、经纪人和中介机构等民间文化组织发展，活跃和繁荣文化市场。积极开展群众性、公益性文化艺术活动，推进文化、戏曲进社区、乡村、校园、园区等，提高全民文化活动参与率。支持文化艺术创作，深入挖掘本土文化资源，力争创作一批具有全国影响力的文化精品。重视网络文化产品供给，加强网上思想文化阵地建设，发展健康向上的新媒体和网络文化。

第四，保护开发文化资源。健全和完善文化遗产保护机制，建立市级文化遗产名录，加强隋唐大运河遗址等重点文化遗产、遗址和文物的保护性开发。支持申报千年古县、千年古镇、千年古村。挖掘和整合楚汉文化、孝贤文化、书画文化、钟馗文化、戏曲文化、马戏文化等历史文化资源，创新载体，打造人文荟萃、特色彰显的宿州文化，为城市发展提供精神动力和文化支撑。

第五，发展文化产业。推动传统特色文化产业整合发展，推进文化产业与金融、旅游、科技创新等产业融合发展，大力发展文化创意、动漫等现代文化产业，加快形成集聚效应、市场效应和区域效应。鼓励文化企业跨地区、跨行业、跨所有制兼并重组，扶持民营文化企业转型升级，支持市演艺集团加快发展，培育一批主业突出、成长性好、品牌效应明显、核心竞争力强的现代骨干文化企业或企业集团。推动文化产业品牌建设，打造文化产业聚集区。

世界文化遗产・宿州段隋唐大运河

(3) 推动军民融合发展

要统筹经济建设和国防需求，探索推动全要素、多领域、高效益的军民融合发展。推进重点领域军民融合，完善提升高速公路、国省道干线等交通战备功能，引进社会资本参与城市人防等国防设施建设。大力推进军转民、民参军，支持军民融合产业发展，促进优势民营企业进入军品科研生产和维修领域。完善市场准入和退出机制，采取公开招投标等方式保障军队和国防动员需求。扶持军民结合产业示范基地创建、特色产业集群培育和军民信息服务平台建设。建立健全适应军民融合新要求的军地协调对接机制、军地需求对接机制和资源共享机制。普及深化全民国防教育，增强全民国防观念。加强国防动员和后备力量建设，提高平战转换能力，增强国防动员潜力。加强现代化武装警察部队建设，抓好人民武装、民兵预备役和人民防空工作。密切军政军民团结，争取蝉联“全国双拥模范城”荣誉称号。

宿州市淮海战役旧址

2. 宿州协调发展实践的成效成就

近年来，宿州市坚持把协调作为持续健康发展的内在要求，按照主体功能定位，完善区域协调发展战略。推进城乡一体化建设，促进城乡发展要素平等转换、合理配置和基本公共服务均等化，推动全市经济社会协调发展迈向更高水平。

（1）中心城市能级提升

坚持走以人为核心的新型城镇化道路，积极构建区域协同、城乡一体的发展格局，努力打造省际交汇区域中心城市。

第一，着力提升城市能级。加快汴北新区、城东新区建设，实施四大类 120 项重点工程，总投资 179 亿元。扎实推进“四创一建”“两治三改”，确保今年全面完成棚改三年计划任务。持续实施县域建设“555”工程，实施 100 项重点工程，总投资 179 亿元，提高县城吸引力和容纳力。深入推进户籍制度改革，落实“五权六有”，推进基本公共服务向常住人口全覆盖。

第二，补齐基础设施短板。启动新汴河直通洪泽湖水上航道工程项目，开工建设宿城银河一路、淮河路东西大动脉路网工程，全面启动老火车站综合改造工程，符离大道道路主体工程即将完工。启动主城区菜市场、幼儿园、老旧小区三年改造任务，2018 年计划建成 10 个公立幼儿园、改造 10 个老旧小区和 10 个菜市场。积极推进城市地下管廊、污水管网、集中供热、停车场、无害化公厕、主题广场公园和群众公共活动场所建设，“五馆一院一中心”即将建成使用，城市综合配套设施逐步完善。

第三，扎实推进文明创建。坚持“两线”作战，农村抓脱贫攻坚，确保2020年与全国一道同步全面建成小康社会；城市抓文明创建，确保2020年全国文明城市创建成功。全面启动全国文明城市创建工作，对标学习蚌埠市文明创建经验，扎实开展整治交通秩序、集贸市场、不文明行为等“十项提升行动”，确保实现今年顺利过关、明年巩固提升、后年首创成功的目标。

（2）县域经济振兴发展工程

第一，加快推动县域产业转型升级。认真贯彻落实《国务院办公厅关于县域创新驱动发展的若干意见》，推动培育壮大创新型企业、集聚创新创业人才、加强创新创业载体建设等重点任务落地，细化市级配套政策，增强县域综合竞争力，加大县域重点项目谋划储备力度，全市项目谋划“百日攻坚”活动共谋划出符合国家政策导向、符合宿州实际、两年内可实施项目387个，总投资2280亿元。其中，县域项目182个，占全市比重的47%；总投资955亿元，占全市比重的41.9%。实施“3111”工程突破攻坚活动，上半年各县区、园区首位产业产值451.1亿元，增长24%。县域经济发展提速，四县一区固定资产投资、财政收入占全市比重分别达到84.5%、66.8%，分别较去年同期提高1.3、3.6个百分点。

第二，建立特色首位产业。为避免产业同质化竞争、走特色发展之路，结合发展实际和区域优势，对各县区、各园区确立的首位工业产业进行了总体定位部署：砀山县发展食品产业，萧县发展建材产业，灵璧县发展食品产业，泗县发展机电产业，埇桥区发展纺织服装产业，市经济开发区发展生化医药产业，宿马现代产业园区发展食品产业，市高新区发展云计算产业，市鞋城发展制鞋产业的“一县一品”“一园一品”首位产业战略格局基本形成，激发了工业经济发展新活力。在县域经济的强力拉动下，2018年第一季度，全市完成地区生产总值331.07亿元，增长8.5%，增速居全省第五，21项动态指标中有13项位居全省前八，实现了全年工作的“开门红”。

第三，深化农村合作金融机构改革。出台《宿州市人民政府办公室关于印发宿州市“劝耕贷”工作实施方案的通知》《关于印发宿州市县区（园区）政府目标管理绩效考核金融工作考核办法等两个考核办法及2017年全市融资规模预期目标的通知》。大力推进企业上市挂牌，2017年底，全市主板辅导备案企业4家，新三板挂牌企业9家，省股交中心挂牌企业57家。

（3）“四创一建”推进工程

第一，逐步完善规划方案。对照创建指标，研究制定了《宿州市城市管理局用工程化手段解决创建问题工作方案》《宿州市地下管线管理办法》《宿州市智慧管网绩效考核办法》《宿州市公共服务设施综合规划》等专项规划，对统筹规划城市公共设施，科学配置公共服务设施，推进公共服务均等化，提升城市建设和管理水平具有重大意义。市级公共服务设施综合规划已经完成初步方案，计划11月底之前完成专家评审，上报审批；灵璧县、泗县县城公共服务设施综合规划已通过省住建厅专家评审；萧县公共服务设施综合规划已完成规划编制；砀山县正在开展编制工作。《宿州市城市特色风貌规划（总体城市设计）》《宿州市城市色彩专项规划》市政府已批准实施，汴北新区核心区城市设计方案，已经市规委会审议通过。

第二，城镇管理提升。全面启动了城市治理“10+1”工作，通过开展网格“六定”精细化管理行动，实现无缝隙、全覆盖管理，实现了城市管理精细化，完成了试点区域的物联网及检测设备的安装，市容市貌得到显著提升。生活垃圾无害化处理率、建成区绿地率、人均公园绿地面积、污水处理率等硬性指标主动与省住建厅对接，出具结果全部超过创建指标要求。

第三，开展专项治理。对群众反映强烈、严重影响创建工作的问题，开展专项治理行动。一是推进小餐饮店综合治理；二是开展洗车店专项整治活动；三是与埇桥区政府联合开展综合改造等提升行动，构建“四意合一”工作机制。

第四，加快城市管理执法体制改革。印发了《中共宿州市委宿州市人民政府关于深入推进城市执法体制改革改进城市管理工作的实施意见》（宿发〔2017〕13号），目前，“三定”方案已调整完毕；权责清单新增369项行政处罚权和31项行政强制，已向社会公示；人员队伍正在协调划转；执法车辆、装备、服装等配备工作正在按有关规定落实；指挥中心展厅及指挥大厅已经完成建设，投入正式运行。

宿州市埇桥区开展户籍制度改革宣传

（4）新型城镇化试点推进工程

第一，注重发挥规划引领作用。根据《宿州市人民政府办公室转发市发展改革委关于做好全市“十三五”规划编制工作意见的通知》，《宿州市新型城镇化发展规划（2016—2025 年）》通过书面征求意见、合法性审查、专题汇报，不断修改完善，2017 年 8 月 24 日已经市政府第 95 次常务会议审议通过。计划到 2020 年，常住人口城镇化率达到 50%，户籍人口城镇化率达到 28%，以“大宿城”为中心、四个县城为副中心、萧砀小城镇集群和灵泗小城镇集群为基础的“一主、四副、两集群”现代城镇体系将不断充实完善。持续推进泗县、萧县县改市工作，萧县县域经济发展力争全省前列，绘制“撤县设市”科学蓝图，以撤县设市推动城乡建设整体水平跃上新台阶。

第二，户籍制度改革持续深化。落实农村转移人口“五权”保障、“五有并轨”，修订出台《宿州市流动人口居住登记实施办法》，不断拓宽居住证的服务管理功能，使流动人口在劳动就业、子女教育、医疗卫生、住房租购、社会保障等多领域享受市民化待遇。2017 年，共办理农业转移人口城镇落户 11.1 万人，其中，就地落户 10.4 万人，迁移落户 7362 人。

以相对深度贫困地区为主战场，坚持“六看六确保”基本要求，完善推进“四单”“四严”“四覆盖”工作机制，深入实施脱贫攻坚十大工程，全年完成脱贫约116万人、贫困村出列105个。

第三，城乡建设水平加快提升。“555”工程按照时序节点有序推进。四个县100个重点工程全部开工，累计完成投资85.3亿元，占四个县总投资的55.7%。完善投入机制，市新区建投12亿元、宿马投资一期10亿元企业债券已经获得国家发改委批复，市城投公司2亿美元香港发债申报材料已经转报至省发改委。积极争取中央预算内投资补助。2017年，争取第一批和第二批保障性安居工程配套基础设施、综合防灾减灾能力建设、PPP项目前期工作经费、卫生计生领域、城镇污水垃圾处理设施及污水管网工程项目等专项中央预算内资金4.5亿元。对照省厅下达任务和考核目标，细化分解任务目标，统筹安排时序进度，认真落实工作责任，确保年底前完成乡级畅通工程。

第四，认真开展各项自查督查。6月份，落实省发改委新型城镇化专题调研，总结推广“劝耕贷”等经验做法。7月份，协助省政府参事室开展新型城镇化试点省第三方评估调研，认真组织座谈会议和现场调研，组织填写调查问卷，形成自查报告，并提出一系列有利于宿州发展的意见建议。

（5）美丽乡村建设工程

2017年3月份，我市2015年度40个省级示范中心村顺利通过省考核验收，以较大优势位居皖北第一，圆满实现市委、市政府提出的“全省超平均，皖北保先进”的工作目标。2017年9月份，2016年度84个示范村镇通过省考核验收，泗县和埇桥区进入先进县区行列，整体水平皖北先进，其中泗县居皖北片区第一名，宿州已连续四年保持全省先进位次。

第一，已通过考核验收的示范村镇常态长效运行。2013—2016年度全市先后有196个示范村镇通过省考核验收。2017年度美丽村镇建设快速推进。着眼“两治理一加强”，加快乡镇政府驻地建成区整治建设；着眼十项重点任务，加快示范中心村硬件设施建设；着眼“三清、四拆、五化”，加快自然村环境整治，强力推进全市美丽乡村建设。

第二，“三大革命”工作取得成效。目前，全市94个乡镇，1166个行政村陈年垃圾清理工作已全面清理完成，并通过省级验收。累计投入人力43.37万人次、机械8.41万台次，清理各类垃圾、废弃秸秆、杂物等33.04万吨。各县区垃圾清理转运交由专业保洁公司，常态长效的市场化运行机制初步建立，正常运营。四县一区均建设了垃圾焚烧发电厂，砀山、灵璧、市区已建成投产运营，萧县正在试运营，泗县正在建设，两县预计年底投产运营，彻底解决农村垃圾的出路。

宿州市萧县费村

（6）“一规四补”水利建设工程

截至10月底，总体规划已获批印发；7条中小河流治理项目已全部完成；要求新开工的4条河流，已完成招投标等前期工作，全部开工建设；清水二库、牛口水库除险加固工程已经完成。11个中小河流治理项目，累计完成投资2.04亿元。其中，列入国家规划内的2013—2015年的泗县小黄河、龙河，灵璧县三渠沟，萧县大沙河和砀山县大沙河5个项目，以及去冬今春泗县唐河、萧县龙岱河2个项目，全部于6月底全部完成；砀山县废黄河项目于6月初开工建设，萧县洪碱河9月底、埇桥区新北沱河上段二期及萧县萧濉新河10月底已开工建设。埇桥区清水二库、牛口水库8月底已经完成，完成投资120万元。2017年目标任务全部完成。

（三）宿州协调发展实践的启示与思考

1. 宿州协调发展实践的启示

过去五年，是宿州改革发展各项事业阔步前行的五年。五年来，宿州全面贯彻中央和省委省政府各项决策部署，坚持“整体承接、双轮驱动、三区共进、四化同步”，持续“抓主抓重、苦干实干、提速提效、争先争优”，经济社会发展迈上了高位增长的平台、进入了持续跨越的通道，为建设五大发展美好宿州打下坚实基础。宿州经济社会协调发展的经验与启示在于以下几个方面。

（1）要始终高擎发展旗帜

全市各级党委、政府紧紧围绕发展大局，全面把握经济发展的大逻辑，更好地适应、把握、引领新常态，以新常态构筑新优势、引领新发展。全面贯彻协调发展新理念，找准服务经济社会发展的切入点和突破口，积极探索发展新路径，坚定不移地把加快推进“调转促”作为当务之急，把打造全国创新型农业现代化先行区作为重中之重，把加快培育新的消费增长点作为引擎支撑。

（2）要始终高擎民生旗帜

宿州市委、市政府把民生作为工作的根本出发点和落脚点，把开展各项工作与人民群众实际感受紧密结合起来，思民之盼、忧民之苦、解民之困，让人民群众更多更好地感受改革发展的“美好时光”。在感情上贴近群众，把增进与人民群众的感情作为价值取向、根本要求和政治责任，常听群众“心里话”，勤看群众“身边事”，精算群众“生活账”，始终为群众撑腰壮胆、鼓劲打气。工作要聚焦民生，紧紧围绕教育医疗、健康养老、社会治安、生态环保等领域，扎实推动民生问题优先解决、民生工程加快实施、惠民实事全面落实、脱贫攻坚优先推进，真正把幸福宿州“大写”在人民群众的心坎上。

（3）要始终高擎法治旗帜

法治是治国理政的基本方式，是协调发展的坚强保障。宿州市充分发挥法治建设对改革发展的引领、推动和保障作用，迈出依法治市新步伐，谱写法治宿州建设新篇章。宿州坚持立法决策与改革决策相衔接、立法进程与发展进程相适应，重点围绕城市建管、环境保护、文化发展等方面，持续在地方特色上下功夫、在有效管用上做文章，确保立得住、行得通、有效力，为改革发展提供全程护航。强化法律监督实施，加大法律法规实施情况的监督检查力度，大力促进依法行政、公正司法，确保宪法和法律法规得到有效实施，确保行政权、审判权、检察权得到正确行使，确保公民、法人和其他组织的合法权益得到依法维护，真正让人民群众感受到公平正义时时刻刻都在身边。大力培植法治信仰，以全民学法守法为基础，以干部尊法用法为关键，以法治教育为手段，深入推进形式多样的学法普法活动，引导人民群众充分相信法律、自觉运用法律，让办事依法、遇事找法、解决问题用法、化解矛盾靠法的良好习惯在全社会蔚然成风。

（4）要始终高擎实干旗帜

宿州各级党委、政府始终把加强自身建设作为基础性工作来抓，大力推进“四个创新”，始终把“三严三实”作为行为准则，把忠诚干净担当作为座右铭，奋力争当践行“四个自觉”的模范，干在实处、走在前列。始终坚持正确政治方向，自觉将党的领导贯穿于依法履职全过程、落实到工作推进各方面，深入学习贯彻党的十八大、十八届历次全会和习近平总书记视察安徽重要讲话精神，始终在政治上坚定自信、思想上同心同向、行动上高度自觉。始终贯彻落实习近平总书记在十九大报告中提出的新要求，增强政治领导本领，坚持战略思维、创新思维、辩证思维、法治思维、底线思维，科学制定和坚决执行党的路线方针政策，把党总揽全局、协调各方落到实处。强化“作为”意识，提升“能为”本领，创新“善为”举措，全面提升履职尽责的专业思维、专业素养和专业方法，构建充满活力、富有效率的工作制度和运行机制。

2. 宿州加快协调发展面临的客观障碍

发展是一项复杂的系统工程，需要各区域、各要素协调推进，协调不好就会陷入难以自拔的发展困境。党的十八大以来，宿州经济持续高速增长，但也存在区域发展不平衡、城乡差距拉大、精神文明建设等不平衡、不协调的问题，我们唯有整体考量才能驾驭全局、唯有协调统筹才能一体推进，必须始终吃透把准协调理念的丰富内涵，不断在增强发展整体性、协调性中拓展发展新空间。

（1）经济发展水平制约协调发展

宿州市属于发展中地区，城乡发展不协调是一个突出问题，尤其是在农村环境治理、农村公共基础设施建设等方面，历史欠账较多，加之财力有限，统筹城乡一体发展的任务十分艰巨。行业收入、城乡差别、公共服务水平等与周边城市差距较大，协调发展行动还有很多需完善的地方，工作任务较为繁重。另一方面，受经济社会发展条件限制，为科技、技术、管理人才提供的生产生活条件较发达地区仍有较大差距，导致人才吸引力不足，人才流失现象依然存在。

（2）县域经济发展制约协调发展

县域经济是我市当前经济社会发展的现实短板，也是未来推进跨越发展最大潜力和根本支撑。紧紧围绕“3111”工程，抓住共性的规律、做好个性的文章，扬长避短、明确方向，既保证足够的项目数量，又追求更高的项目质量，做到要“干货”不要“水货”、重“吨位”更重“品位”，着力在“点”上抓项目落地、“线”上抓产业延伸、“面”上抓区域竞争，努力形成各有强项、各展优势、各具特色的县域经济发展格局。

（3）城乡建设水平制约协调发展

“十三五”时期，城乡建设抓好了就是跨越崛起的最大引擎，抓不好就会成为各类矛盾的火药引线。坚持走以人为核心的新型城镇化道路，注重规划引领、量质并重、内外兼修、“人物”并进，切实举全市之力、汇全民之智，打造个性、彰显特色，让城市更像城市、农村更像农村，实现城市、农村同样多彩。坚持精品规划、精致建设、精细管理，以“16城同创、创建全国文明城市”为抓手，持续开展“三治、三增、三提升”行动，全力申办一届安徽省运动会，加快构建大宿城格局，打造四省交汇区域的中心城市。

（4）脱贫攻坚工作制约协调发展

全面贯彻中央和全省扶贫开发工作会议精神，聚焦精准“拔穷根”，纵横联动“摘穷帽”。牢牢把握“123456”工作格局，动态抓好“4+3”工作，在“扶持谁”上做到动态进出，在“谁来扶”上做到层层有责，在

“怎么扶”上做到靶向治疗，在“如何退”上做到规范有序，坚决打赢脱贫攻坚战，确保2018年前实现贫困人口全体脱贫、贫困县区全部“摘帽”、贫困村全部出列目标。

（5）城市建设水平制约协调发展

加快城市建设是一项综合工程，涉及部门多，工作量大，实际推进中，存在部门协调性不强的问题，特别是针对一些部门和行业内出台的支持政策，往往不能及时沟通，一定程度上影响了工作的整体协调推进。同时，城市建设水平直接影响新型城镇化进程，推进新型城镇化是要以解决进城农民“安居乐业”为前提，以宿州目前城镇化年均增幅推算，预计到2020年，城镇化率将达到40%以上，约有200万人进入城镇，其中就业人口将在132万左右。进城农民由于大多学历不高、技术较少，就业难是突出问题，一定程度上影响了新型城镇化的加快推进。

协调发展是全面建成小康社会的重要保证，是提升发展整体效能、推进事业全面进步的有力保障。我们要始终以协调理念促进发展平衡，坚定不移地把短板补齐，把工作做实，在持续推进经济社会协调发展中讲好“宿州故事”，提升宿州实力。

3. 宿州促进协调发展实践的路径选择

党的十九大对“决胜全面建成小康社会，开启全面建设社会主义现代化国家新征程”做出全面部署，习近平总书记在报告中总结了区域经济领域过去五年的发展成就，并对下一步如何促进区域协调发展作出安排。坚持统筹协调可持续的发展道路，是全面建成小康社会，夺取新时代中国特色社会主义伟大胜利，实现中华民族伟大复兴的必由之路。建设五大发展美好宿州，必须坚持协调发展道路，持续推进城乡统筹发展、区域统筹发展、经济社会统筹发展、人与自然和谐发展，统筹推进本地发展和对外开放，推进生产力和生产关系、经济基础和上层建筑相协调，推进经济、政治、文化建设的各个环节、各个方面相协调。

（1）推进城乡一体化协调发展

统筹城乡发展的根本目的是为了破除城乡二元结构，纠正城乡发展失衡，形成城乡经济社会发展一体化新格局，最终实现城乡协调发展和经济社会发展融合。这不仅是当前应对全球性金融危机，“扩内需、保增长”

的需要；也是进一步完善市场体制，调整产业结构，优化资源配置，促进我国城乡经济协调、可持续发展的需要；还是进一步加快农村社会建设，提升公共服务水平，保障农民民生权益，维护社会公平正义，构建和谐社会和全面建设小康社会需要。因此，统筹城乡协调发展是我国经济社会发展的重大的和长期的发展方略。必须从我国经济转型、社会建设及政治发展的高度，从破解“三农”困局及国家经济社会长远发展战略的角度认识统筹城乡发展的必要性、重要性和紧迫性，加快城乡经济社会发展一体化的步伐。

（2）推进经济社会的协调发展

统筹城乡发展涉及城乡之间、工农之间、不同群体之间利益关系的重大调整，是一项涉及面广、任务艰巨的系统工程。必须立足国情和城乡实际，进一步推进综合改革，尽快在城乡规划、产业布局、基础设施建设、公共服务等方面取得突破，促进公共资源在城乡之间均衡配置、生产要素在城乡之间自由流动，推动城乡经济社会发展融合。尤其是要进一步深化城乡户籍制度改革，构建以身份证为核心、以居住地为基础的身份统一、权利平等和城乡一体的人口管理体制；进一步明晰农村集体产权，“村社分开”，打破集体经济组织的地域性和封闭性，为城乡居民双向自由流动扫清障碍；进一步推进农村基层体制改革，构建与开放、流动、多样化和城乡一体化相适应的新型农村社区组织、管理及服务体系；进一步完善金融体制，放宽市场准入，支持民间资本进入基础产业、基础设施、社会事业和金融服务等领域，引导社会资金和资源向农村投入；进一步完善城乡基层民主参与机制，畅通和规范群众诉求表达、利益协调、权益保障渠道，健全社会风险评估机制和危机应对机制。

（3）推进经济与生态环境资源的协调发展

党的十九大对生态文明提出了新的判断、新的观点和新的举措。今后五年，中国在深度融入国际经济发展时代潮流的同时，经济将处于由总量型向质量型转型的关键时期。生态文明的内涵包括生产发展、生活富裕、生态良好。单纯地搞好环境保护很容易，对企业进行限产和停产就行了，对社会生活方式强制转型就行了；单纯地发展经济、提高国民收入也很容易，所有的企业开足马力生产经营就行了，但要实现生产发展、生活富裕、生态良好的多赢式发展就艰难了。在生态文明建设的地方实践中，需要各地有发展的依托、发展的特色、发展的优势和发展的抓手，特别是有发展的比较优势和适合自己的转型战略，这考验地方党委和政府的执政能力，稍有闪失便会双输。因此，生态文明建设和体制改革要立足基本国情与区情，既不违背经济规律，也不违背环境保护和技术发展规律，要稳中求进，稳中求新；既要发扬长项，也要动态地补足短板，整体提升生态文明建设的内生动力。

（4）推进基本公共服务均等化

统筹城乡发展，必须坚持工业反哺农业、城市支持农村的方针，调整城乡财政投入结构，加大对农业和农村的投入，着力保障和改善农民的民生，让公共服务更多地深入农村、惠及农民。当前尤其要按照推进城乡经济社会发展一体化的要求，搞好新农村建设规划，完善农村水利、交通、电力、电信等基础设施，加快村级公共服务中心建设，改善村容村貌和人居环境，逐步实现城乡及区域基础设施一体化。逐步完善符合国情、比较完整、覆盖城乡、可持续的基本公共服务体系，实现城乡基本公共服务的均等化。进一步完善公用事业的财政投入方式，改革基本公共服务提供方式，引入竞争机制，扩大购买服务，实现提供主体和提供方式多元化，增强多层次供给能力，满足群众多样化需求。按照“渠道不乱、用途不变、各司其职、集中使用”的原则，以县为主整合涉农资金的投入，提高政府农业投入的绩效。更重要的是，从中央决策层面研究提出整合的程序、措施，实行上下联动。

（5）更加注重城市群在区域协调发展中的重要作用

未来区域之间的竞争已不再是单个城市的竞争，而是以城市群和都市圈为基础的区域间的整体竞争。大城市群的形成及其分工、合作与竞争，将形成多极化、辐射带动力强的区域增长极，主导区域甚至全国经济的发展格局。为此，要主动对接徐州城市圈，向城镇体系较健全、资源环境承载能力较强、辐射带动作用较强的区域中心城市对标看齐，加强发展优势、提升城市功能、完善基础设施，打造培育区域性城市群。

（6）注重利用新一轮产业革命物质、技术成果加快区域经济协调发展

当今世界，一场新产业革命正在孕育发生，必将对我国包括区域协调

在内的全方位发展产生重要影响。应积极把握新产业革命发展进程，注重利用新产业革命物质、技术成果加快推进区域协调发展。较突出的方面：一是有效利用互联网、大数据、云计算、物联网等新一代信息技术，强化全国及各区域交通物流等基础设施网络的建设和完善，加快推进以高铁为代表的交通体系朝快速化、网络化方向发展，由“以点带面”“以线带面”传统发展模式迈向“以网带面”的新型发展模式，更高效地促进要素在不同区域间的流动。二是通过互联网与大数据、云计算、物联网等新一代信息技术的广泛应用，将创新链、要素链、产业链、价值链等连接成为跨区域和城际联动发展的纽带，进一步强化不同区域经济、技术联系，为区域协调发展提供强有力的技术支撑。

三、崇尚绿色，实现人与自然和谐共生

习近平总书记在中共中央政治局第四十一次集体学习时强调：推动形成绿色发展方式和生活方式为人民群众创造良好生产生活环境。改革开放40年来，我国创造了经济高速增长的奇迹，但支撑这一奇迹的是粗放型增长方式，在消耗巨量资源的同时，引发了我国资源约束趋紧、环境污染严重、生态系统退化等问题，人与自然的关系引起了全社会的忧虑。随着环保意识的觉醒和生活水平的提高，人民群众对清新空气、干净饮水、安全食品、优美环境的要求日益强烈，生态环境恶化及其对人民健康的影响已成为突出的民生问题。党的十八届五中全会把坚持绿色发展作为当代中国社会发展的一个基本理念在国家决策的层面上固定下来。党的十九大也强调要“推动绿色发展。加快建立绿色生产和消费的法律制度和政策导向，建立健全绿色低碳循环发展的经济体系”，不仅具有重大的理论意义而且具有重要的实践价值。绿色发展是遵循自然规律的可持续发展，也是实现全面建成小康社会的必由之路。近年来，宿州市在经济社会发展中树立绿色发展理念，重视解决人和自然和谐共生问题，为实现“美丽中国”的宿州版本积累了重要经验。

（一）深刻认识绿色发展理念的意义与要求

绿色发展是在传统发展基础上的一种模式创新，是建立在生态环境容量和资源承载力的约束条件下，将环境保护作为实现可持续发展重要支柱的一种新型发展模式。其内涵主要包括三个方面：一是要将环境资源作为社会经济发展的内在要素；二是要把实现经济、社会和环境的可持续发展作为绿色发展的目标；三是要把经济活动过程和结果的“绿色化”“生态化”作为绿色发展的主要内容和途径。具体来说，实现绿色发展必须做好以下几个方面工作。

1. 经济发展必须走绿色发展的道路

在工业文明为人类社会创造巨大物质文明的同时，也加剧了人与自然的矛盾，全球生态环境持续恶化，异常气候所导致的自然危机日益频繁，资源、能源供给日趋紧缺。资源压力、环境污染、生态破坏这些问题同样困扰着正在发展中的中国。展望未来，如何处理好人与自然和谐相处的问题已经成为制约我国经济社会发展大局的战略性问题。为此，习近平总书记强调：“如果仍是粗放发展，即使实现了国内生产总值翻一番的目标，那污染又会是一种什么情况？届时资源环境恐怕完全承载不了。经济上去了，老百姓的幸福感大打折扣，甚至强烈的不满情绪上来了，那是什么形势？所以，我们不能把加强生态文明建设、加强生态环境保护、提倡绿色低碳生活方式等仅仅作为经济问题。这里面有很大的政治。”①

在绿色发展理念的引领下，经济发展和产业升级必须要走绿色发展的道路。绿色发展，就是在生态环境容量和资源承载能力的制约下，通过保护自然环境实现可持续科学发展的新型发展模式和生态发展理念。合理利用资源、保护环境、维系生态平衡是其内在的核心要素；实现经济社会、政治社会、人文社会和生态环境可持续的科学发展是其目标；通过绿色环境、绿色经济、绿色政治、绿色文化等实践活动的“生态化”，实现天人和谐、共生共荣的理想境界是其核心内容和发展途径。因此，绿色发展成为当今世界的重要发展趋势，许多国家在绿色理念的指导下，把绿色发展作为推动本国社会发展的重要举措和基本国策。

党的十八大报告指出，要“着力推进绿色发展、循环发展、低碳发展”②。中共中央国务院发布的《关于加快推进生态文明建设的意见》也明确提出：“坚持把绿色发展、循环发展、低碳发展作为基本途径”；“从根

---

① 转引自迟全华：《从政治高度深刻认识绿色发展理念重大意义——学习习近平总书记关于绿色发展新理念新思想》，《光明日报》2016 年 4 月 10 日。

② 胡锦涛：《坚定不移沿着中国特色社会主义道路前进为全面建设小康社会而奋斗——在中国共产党第十八次全国代表大会上的讲话》，人民出版社 2012 年版，第 39 页。

宿州市萧县风力发电机组

本上缓解经济发展与资源环境之间的矛盾，必须构建科技含量高、资源消耗低、环境污染少的产业结构，加快推动生产方式绿色化，大幅提高经济绿色化程度，有效降低发展的资源环境代价。”① 习近平总书记在十九大报告中再次强调：“必须坚持节约优先、保护优先、自然恢复为主的方针，形成节约资源和保护环境的空间格局、产业结构、生产方式、生活方式，还自然以宁静、和谐、美丽。”

2. 水生态是实践绿色发展理念刻不容缓的问题

水是生命之源、生产之要、生态之基，是人类生存发展不可或缺的重要资源。实现水资源和水环境可持续发展，是贯彻落实绿色发展理念、推进生态文明建设、建设美丽中国的题中应有之义和必然要求。2014 年 3 月 14 日在中央财经领导小组第五次会议上，习近平总书记特别强调了水资源的宝贵性，他讲道：“原油可以进口，世界石油资源用光后还有替代能源顶上，但水没有了，到哪儿去进口？”2014 年 12 月 25 日，在中央政治局常委会会议上，习近平总书记又谈到了森林，指出森林“是国家、民族最大的生存资本，是人类生存的根基，关系生存安全、淡水安全、国土安

① 《中共中央国务院关于加快推进生态文明建设的意见》，《人民日报》2015 年 5 月 6 日。

全、物种安全、气候安全和国家外交大局。必须从中华民族历史发展的高度来看待这个问题”①。高度重视水生态，已经成为实践绿色发展理念刻不容缓的问题。

我国是一个水资源严重短缺的国家，而且正受到水污染等问题的困扰。我国的人均水资源占有量仅为世界平均水平的28%，近2/3城市不同程度缺水；27.2%的河段水质、67.8%的湖泊水质为三类以下，无法饮用；全国约30万平方公里地下水超采；受严重污染的劣V类水体比例达10%左右，等等。这些问题也不同程度地制约着宿州经济社会发展和人民群众的生活满意度，随着经济社会和城市化的快速发展，宿州水资源管理仍面临总量不足、水环境污染、水生态受损等突出问题。

3. 绿色发展必须从整体上谋划国土空间开发

习近平总书记强调：“国土是生态文明建设的空间载体，从大的方面统筹谋划、搞好顶层设计，就要按照人口资源环境相协调、经济社会生态效益相统一的原则，整体谋划国土空间开发，统筹人口分布、经济布局、国土利用、生态环境保护，科学布局生产空间、生活空间、生态空间，给自然留下更多修复空间。”② 面对日益严峻的能源资源形势，中国的发展必须增强危机感，树立绿色发展理念，强化城乡低碳意识，努力构建资源节约、环境友好的生产方式和生活方式，从根本上解决城乡发展面临的资源环境瓶颈性约束。落实绿色发展理念，在城市发展层面，要充分考虑各地区的资源环境承载能力，规范开发秩序，控制开发强度，调整空间结构，推动各地区严格按照主体功能定位发展，做到开发有度、开发有序、开发可持续，构建科学合理的城市化格局、农业发展格局、生态安全格局，促进经济社会发展与人口资源环境相协调。在乡村发展层面，要树立“既要金山银山，也要绿水青山”的理念，留得住绿水青山，记得住乡愁，积极解决影响乡村生态环境的突出性问题，稳妥推进城镇化建设。

4. 绿色发展必须强化生态文明建设和生态环境保护

2017年12月，万众瞩目的十九大之后首个中央经济工作会议召开。

---

① 《为了中华民族永续发展——习近平总书记关心生态文明建设纪实》，转引自“新华网”http：//news. xinhuanet. com/politics/2015-03/09/c_ 1114578189_ 2. htm。

② 《深入学习习近平同志重要论述》，人民出版社2013年版，第72页。

作为中国最高规格的经济会议，在中央经济工作会议上，生态环保被反复多处提及，可以看出，环境日益被看作是决策参考的因素之一，乃至发展的目标之一，标志着生态文明建设和生态环境保护进入了一个有显著特征的新时期、新时代。在过去的5年中，我国在生态环境保护方面取得了历史性成就、发生了历史性变革："生态环境状况明显好转，推进生态文明建设决心之大、力度之大、成效之大前所未有，大气、水、土壤污染防治行动成效明显。"

宿州市三角洲公园和汴河景观带

当前，我国经济发展进入了由高速增长阶段转向高质量发展阶段的新时代。"高质量发展，就是能够很好满足人民日益增长的美好生活需要的发展，是体现新发展理念的发展，是创新成为第一动力、协调成为内生特点、绿色成为普遍形态、开放成为必由之路、共享成为根本目的的发展。"高质量发展，人民需要的优美生态环境不能缺席，这就需要打好污染防治攻坚战，重点是打赢蓝天保卫战："打好污染防治攻坚战，要使主要污染物排放总量大幅减少，生态环境质量总体改善，重点是打赢蓝天保卫战，调整产业结构，淘汰落后产能，调整能源结构，加大节能力度和考核，调整运输结构。"[②]大气污染防治是攻坚战也是持久战，这个关口、这个坎是我国经济发展现阶段特有的，2018年是贯彻党的十九大精神的开局之年，这个关口能否跨过去，关系到我国能否顺利迈向高质量发展阶段，需要全神贯注、全力以赴。

（二）绿色发展的宿州实践

几年来，宿州市牢固树立可持续发展的理念，把生态文明建设与经济社会转型发展有机结合起来，坚定不移地举生态旗、打生态牌、走生态路，建设资源节约型、环境友好型社会，增强可持续发展能力，绿色发展取得一系列显著成就。

空中俯瞰宿州市景

1. 健全完善绿色发展体制机制

绿色是生产力，是发展的内在要求，确保绿色发展，关键是要加强法治保障。2015 年 5 月 21 日，安徽省十二届人大常委会第十九次会议表决通过的《关于确定宿州市等六个设区的市开始行使地方立法权的决定》，这标志着宿州市成为十八届四中全会之后省内首批获得地方立法权的省辖市。在取得地方立法权后，宿州把制定《宿州市城镇绿化条例》列为首个立法项目，《宿州市城镇绿化条例》也成为安徽省新赋予立法权的设区市通过的第一部地方性法规。以法治方式推动绿色发展，成为宿州推动绿色发展战略举措的鲜亮名片。宿州希望通过该条例的颁布施行，加大城乡环境治理力度，促进人与自然和谐发展，努力把生态优势转化为发展优势，建设“天蓝、地绿、山青、水净”的美丽新宿州。2016 年 10 月、11 月，宿州又相继发布了《宿州市市容治理条例》《宿州市农村垃圾治理条例》，

宿州市政务新区

这也是全国第一部规范农村垃圾治理的地方性法规。2017 年 9 月 29 日省人大批准了《宿州市采石场修复条例》，11 月 1 日实施。先后出台了《关于扎实推进生态文明建设闯出绿色发展宿州新路实施方案》《“两河一廊”三大绿色发展板块施工方案》（坚持城水共生、宜居宜业，着力打造新汴河生态经济带，探索在生态园林城市建设、创新型农业现代化先行区、采煤沉陷区生态修复和蓄水利用、绿色产业发展等方面取得突破，努力建设淮河生态经济带重要支流绿色发展先行区。坚持生态优先、绿色发展，着力打造黄河故道果林田园生态绿带，探索在水环境修复和跨区域调水工程、健康服务产业创新发展、三次产业绿色融合发展等方面取得突破，努力建设明清黄河故道沿线绿色产业发展示范区。坚持山水相济、人文共美，着力打造符离大道生态文化廊道，探索在生态文化旅游融合发展、石质荒山绿化等方面取得突破，努力建设淮海经济区核心区生态文明样板区）与《宿州市绿色发展行动计划实施方案》《宿州市“十三五”流域综合治理方案》《宿州市大气污染防治行动计划实施细则》《宿州市水污染防治工作方案》《宿州市土壤污染防治工作实施方案》《重点治理区域水环境综合治理方案以及全面推行河长制工作方案》等文件，出台《宿州市生态环境保护工作职责（试行)》，《市级领导包保突出环境问题整改工作制度》，明确了党委、政府及司法部门在生态建设和环境保护工作中的职责，深入落实“党政同责”“一岗双责”制度，建立了“分级负责、权责一致”的责任体系。

2. 加大污染治理力度

在绿水青山就是金山银山的发展理念引领下，宿州市坚持生态优先，严格环境执法监管，详细制定了大气、水、土壤污染防治行动计划，实施城市生态空间提升、水环境治理、大气环境治理等工程，实施工业污染源全面达标及升级改造等十大专项行动；持续抓好非煤矿山整治，强化燃煤、扬尘等污染控制，加强环境空气质量监测能力建设，确保完成空气质量考核目标。积极建设黄河故道等“两河一廊”绿色发展板块，扎实开展北沱河、奎濉河等重点河流水污染整治，大力防治畜禽养殖污染，划定畜禽养殖禁养区、限养区，全面推行市县乡三级“河长制”。启动采煤沉陷区生态修复治理，完成芦岭湖城市湿地规划编制。加强水源地保护，开展饮用水水源地环境保护执法专项行动，坚决清理影响饮用水安全的环境隐患；加大城乡黑臭水体整治。深入实施蓝天行动，大力推进大气污染精准防治，开展督查暗访，实施“双向交办”，力推空气质量改善。积极做好省级环保督察和中央环保督察反馈问题的办理。统筹抓好农业面源污染、土壤污染治理。落实市城镇绿化条例，启动林业增绿增效行动，造林 16.8 万亩。2018 年第一季度，全市 PM 2.5 平均浓度 82.9 微克/立方米，比 2017 年同期下降了 20.2%。全市优良天数比率为 52.2%，比 2017 年同期提升了 25.1%，5 个国家考核水质断面出境水质均达到考核要求。

重点领域污染防治推进工程：

一是大气污染治理。完成华电宿州发电有限公司和国电宿州热电有限公司各两个燃煤机组的超低排放改造，并全力确保稳定达标排放；进一步提高集中供热普及率，落实禁燃区各项管理要求，全面淘汰燃煤锅炉，实施落后产能升级淘汰等能源结构优化工程；切实落实电力、水泥等行业烟气脱硫脱硝工程；开展有机化工、表面涂装、包装印刷等行业及有机化工、医药化工园区、人造革园区、板材工业集中区等的挥发性有机物治理，全面落实加油站、油罐车、储油库油气回收及综合治理。持续抓好农作物秸秆全面禁烧，推进秸秆肥料化、饲料化、原料化、能源化等综合利用。

二是水环境治理。切实落实水污染防治工作方案各项任务；严格保护水质达到或优于Ⅲ类的地表水体，特别是新汴河、沱河等淮水北调工程输水通道，实施水质改善和生态环境保护工程；推进浍河、唐沱河、新濉河等重点流域综合治理，推进水体达标治理各项工程；落实水源地保护区各项要求，保障饮用水水质安全，推进县级以上城市备用水源建设，实现饮用水水源安全保护全面达标；加大黑臭与劣V类水体的整治力度；推进老城区合流管网系统改造，加快城市污水处理设施建设、提标改造与污泥处理处置稳定化、无害化、资源化进程。

三是土壤环境治理。实施重度污染耕地种植结构调整或退耕还林还草工程，加强化工企业安全环保搬迁后的土壤污染治理；对高风险污染地块实施风险管控，重点治理修复影响农产品质量和人居环境安全的突出土壤污染；开展重金属污染土壤修复，建设占用耕地剥离耕作层土壤再利用等试点。

四是工业污染源全面达标排放。逐一改造水泥、玻璃、造纸等行业不能稳定达标排放的企业，取缔不符合国家产业政策污染严重的项目；推进工业园区污水集中治理设施及配套管网建设进度；推进“双超、双有”企业和化工、水泥、火电等重点行业清洁生产；完成35蒸吨以上燃煤锅炉脱硫脱硝除尘改造、水泥行业脱硝改造。

3. 发展绿色经济

宿州市委市政府从经济社会发展的全局出发，高度重视绿色发展问题，围绕建设美丽宿州目标科学规划经济发展和社会发展，积极促进产业结构转型和社会生态效益。

（1）树立绿色发展理念，将绿色发展纳入“十三五”规划目标

在处理经济发展与生态保护关系问题上，宿州创造性地提出了城市“两张卡”理念。打个形象的比喻，每个城市都有两张“卡”，一张是经济总量储蓄卡，另一张是生态环境信用卡。如果第二张卡刷“爆”了，第一张卡就会被“冻结”。换言之，绿水青山留不住，金山银山最终也保不住。因此，在宿州依然面临严峻的环境保护、生态建设、节能减排的形势压力下，必须要树立尊重自然、顺应自然、保护自然的生态文明理念，把“绿色发展”确立为宿州“十三五”期间的重要目标之一，使绿色真正成为宿州“十三五”加快发展的流行色和健康色；必须要坚守绿色底线，特别是在生产力布局、城镇化发展、重大项目建设中，充分考虑自然资源条件和环境承载能力，严防高能耗、高污染项目投资出现反弹，警惕部分产业逆向调整，绝不让今天的投资成为明天的负担、今天的增长支撑成为明天的调整对象。

2016年5月17日，宿州市人民政府发布《宿州市国民经济和社会发展第十三个五年规划纲要》，生态环境总体改善被确立为“十三五”期间宿州经济社会发展的主要目标之一。“主要污染物排放、万元GDP综合能耗达到省控目标，万元工业增加值用水量显著降低。加快构建绿色生态屏障，生态文明重大制度基本建立，生态系统更加稳定，生态质量明显改善。城乡环境综合治理成效明显，争创全国生态城市和环保模范城市。”并且在发展理念方面，强调“突出绿色发展，不断把生态优势转化为发展优势，推动生产方式转变和生态环境改善‘双提速’。”① “十三五”时期，宿州明确承诺实施生态环境保护的刚性标准，切实付诸行动、把住关口。在污染这个问题不能得到治理、不能做到达标排放的前提下，任何项目都不允许进入宿州境内。

新汴河景观带

（2）大力发展绿色产业，打造绿色增长新引擎

推动市场导向的绿色技术创新，发展绿色金融，采用节能低碳环保技术改造提升传统产业，培育壮大节能环保、清洁生产、清洁能源等绿色产业。宿州力求实现“主要污染物排放、万元GDP综合能耗达到省控目标，

① 《宿州公布“十三五规划”建议 2015年12月13日中共宿州市委第四届委员会第八次全体会议通过》，转引自“宿州发布网” http：//www. suzhoufb. cn/htmls/toutiao/2015－12－21/1607. html。

万元工业增加值用水量显著降低。城乡环境综合治理成效明显，生态质量明显改善”。为此，必须要走绿色产业发展之路，并且通过绿色产业的发展实现经济增长方式与结构的转变。实施传统产业改造提升工程，围绕“互联网+”行动计划，通过新技术、新业态、新模式，加快技术改造和智能化改造，推动传统产业向中高端迈进；加快申报和建设云计算产业园、上海张江萧县高科技园等省级战略性新兴产业集聚基地；着力培育医药卫生产业、新能源产业、节能环保产业、新材料产业，深入推进大众创业、万众创新，加快培育一批“专精特新”中小企业；编制现代服务业发展总体规划，发展现代化服务业；大力发展商贸物流业，中国网库“宿州电商谷”，壮大文化旅游产业，推进电子商务产业集聚园区建设，把更多的文化软实力转化为发展竞争力；加快推进安徽宿州高新技术产业开发区发展，明确发展定位，塑造发展特色，带动促进宿州信息化、工业化的深度融合发展，力争到2020年，建成区面积30平方公里，企业总数超过100家，全区工业生产总值突破300亿元，财政收入超过30亿元；高新技术企业数及其产值占全区比重均超80%；研究与发展经费占全区销售收入比重超过20%。宿州坚持把生态文明建设融入经济社会发展全过程，坚持以高科技、新能源促进产业结构转型，推进节能降耗，大力发展循环经济、绿色经济、低碳经济、环保经济，形成绿色产业集群效应，确保经济建设与生态保护双丰收。目前，宿州经开区被列为省级园区循环化改造试点单位，宿州市淮河路社区被列入省级低碳社区试点名单。16家单位被评为省级循环经济示范单位，8家单位被表彰为提高资源产出率先进单位。加快发展资源综合利用产业，钱营孜低热值煤发电项目今年底建成并网发电。泗县康桥现代农牧业循环经济示范园建设项目、安徽禾吉循环经济园9.8万吨秸秆制浆生产线项目等正在建设，光大生物能源灵璧秸秆电厂和萧县秸秆电厂建成并网发电。大力发展新能源，新能源发电规模进一步壮大。积极推进秸秆利用产业示范园区规划建设。

4. 改善水生态

宿州高度重视水资源优化配置，落实最严格的水资源管理制度，加强水功能区纳污控制，加大水利工程建设力度，多措并举，综合防治，持续改善水环境，构建较为完善的综合防控水生态保护体系。

埇桥区解集乡，建设中的我国内陆最大的风光互补绿色新能源基地项目工程。该工程总装机规模为600MW，其中光伏装机容量400MW，风力发电装机容量为200MW。工程全部建成后，年发电量达6亿度，减排二氧化碳60万吨，节约标准煤570万吨

（1）加强水资源立法，强化水资源管理

以立法为保障，规范水资源管理行为。加强水资源管理法规体系建设，积极推进水利综合执法，依法打击各类水事违法行为，提高我市依法管水治水能力。根据城市发展规划，先后完成了《宿州市城市防洪规划》和《宿州市城区防洪排涝可行性研究报告》，重点实施堤防加固、河道疏浚和排涝管网建设等，统筹解决水资源短缺、洪涝灾害威胁和水生态退化等问题，将使城区防洪标准达到100年一遇；出台《宿州市人民政府关于实行最严格水资源管理制度的意见》，全面部署实施最严格水资源管理制度，确立了水资源开发利用控制红线、用水效率控制红线和水功能区限制纳污红线，促进水资源合理开发利用和节约保护；认真执行《2016年安徽省入河排污口核查及监测工作实施方案》《安徽省水文应急测报预案》等规章制度，城镇入河排污口调查、监测工作，确保水质量和水安全；加强计划用水和定额管理，实施水资源双控行动，强化地下水水量水质监测，开展超采区综合治理，建立水资源承载能力监测预警机制；与蚌埠市签署《关于跨界河流水污染联防联控合作协议》，两市联手对流经城市间的河流水污染进行联防联控，强化污染防控，持续改善水环境。实行最严格的水

资源管理制度、节约用地制度、耕地保护制度，推进节能降耗，大力发展循环经济，到2022年所有乡镇建成污水处理设施，工业固体废弃物综合利用率达95%左右，城市生活垃圾基本实现无害化处理。实行最严格的生态环境保护制度，加大环境治理力度，挥发性有机物排放总量下降10%以上。

宿州市污水处理设施

（2）加强水利设施建设，加大财政支持力度

全国“十三五规划”建议把水利作为推进五大发展的重要内容，摆在八大基础设施网络建设的首要位置，作出一系列战略部署，提出新的明确要求。为此相适应，宿州近年来重在加强重大水源工程建设，大力推进怀洪新河洼地治理、城市及工业园区雨污分流等防洪除涝重点工程；加快实施淮水北调配水、南水北调东线配水、采煤沉陷区雨洪资源利用、城市水源等重点工程；实施水景观工程，着力打造总全长14.36千米的新汴河城区段水景观工程，工程计划投资3.47亿元，栽植雪松、水杉、银杏等各类景观树木60970棵，各类水生植物、花草组合约1575亩，绿化面积约1710亩；按照“集中连片、规模治理”的要求，坚持以小流域为单元，积极筹措资金，实施水土保持和生态修复工程，加大水土流失治理力度；加快洼地治理外资项目、大中型水闸除险加固、病险水库除险加固工程建设，在保证防洪安全的前提下，适当抬高河道和水库蓄水位，提高调蓄能力；实施“城区清水工程”“水生态文明镇”和“水环境优美乡村”建设。

（3）提高森林覆盖率，发挥绿植的涵养水源作用

“山水林田湖是一个生命共同体”，树木林地对水源具有重要涵养与调节作用。宿州始终高度重视林业生态建设，建成了较完善的林业生态体系和产业体系，城乡生态环境有效改善。2015 年以来，宿州在获批“国家园林城市”荣誉称号的基础上，按照市委、市政府“16 城同创”工作要求，及时成立创建国家森林城市专项指挥部，积极申请国家森林城市创建。筑牢生态安全屏障，坚持保护优先、自然恢复为主，实施山水林田湖生态保护和修复工程，开展大规模国土绿化行动，完善天然林保护制度。同时要创新造林模式，通过群众认养公益林等多种形式提高森林覆盖率，共同建设生态宿州。积极推进“林长制”，成片造林 11.8 万亩，新汴河生态经济带、黄河故道果林田园生态绿带、符离大道生态文化廊道三大生态板块功能初显。

宿州新城

5. 加快构建绿色生态屏障

实施重要生态系统保护和修复重大工程，优化生态安全屏障体系，构建生态廊道和生物多样性保护网络，提升生态系统质量和稳定性。打造“两河一廊”绿色发展板块。坚持城水共生、宜居宜业，着力打造新汴河生态经济带，探索在生态园林城市建设、现代农业先行示范区、采煤沉陷区生态修复和蓄水利用、绿色产业发展等方面取得突破，努力建设淮河生态经济带重要支流绿色发展先行区。坚持生态优先、绿色发展，着力打造黄河故道果林田园生态绿带，探索在水环境修复和跨区域调水工程、健康服务产业创新发展、三次产业绿色融合发展等方面取得突破，努力建设明

清黄河故道沿线绿色产业发展示范区。坚持山水相济、人文共美，着力打造符离大道生态文化廊道，探索在生态文化旅游融合发展、石质荒山绿化等方面取得突破，努力建设淮海经济区核心区生态文明样板区。统筹山水林田湖草系统治理。全面推行林长制，推进林业增绿增效行动，完善天然林保护制度，强化公益林管护，扩大退耕还林还草。划定并严守生态保护红线、永久基本农田、城镇开发边界三条控制线。开展国土绿化行动，推进水土流失综合治理，强化湿地保护和恢复，完善最严格的耕地保护制度，加强地质灾害防治。建立健全生态补偿机制。以市场化、多元化为导向，探索建立多元化生态保护补偿机制，探索建立生态红线区域生态补偿，推进森林、湿地、水流、耕地、大气等重点领域和禁止开发区域、重点生态功能区等重要区域生态保护补偿全覆盖。

绿色宿州

“两河一廊”绿色发展板块建设工程：

新汴河生态经济带。提升朱仙庄湖、芦岭湖和桃园湖等采煤沉陷区生态功能，推进宿州中心城市由“滨河时代”向“滨湖时代”跨越。支持灵璧提升灵璧石文化园、虞姬文化园、钟馗文化园，建设现代化生态文化旅游城市。支持泗县建设新汴河、新濉河、古运河三大景观园林带，建设皖北生态宜居运河文化名城。

黄河故道果林田园生态绿带。统筹水系畅通与调水蓄水、环境保护与生态修复、遗址保护与文化传承、绿色产业与融合发展，恢复黄河故道自然风貌和历史风情。支持砀山加快建设环城河景观带、利民河绿廊、东湖公园、北郊森林公园，开展国家级园林县城、省级文明县城、省级卫生城市“三城同创”。支持萧县加快推进凤山森林公园、岱湖公园、梅山森林公园和龙河等城区水体治理工程，打造具有辐射吸引力的生态宜居园林城市。

符离大道生态文化廊道。以皇藏峪、五柳风景区等自然景观和东林草堂、闵祠等历史文化遗存为依托，建设符离大道沿线埇桥北部、萧县东南部景区，加大石质荒山绿化和利用力度，继续推进平原造林，建设“适业、宜居、乐游”的生态绿色丝带，打造集悠久历史文化和自然山水风光于一体的生态文化廊道。

6. 拓展城乡生态空间

宿州“十三五”规划指出，要落实主体功能区战略。“发挥主体功能区作为国土空间开发保护基础制度的作用，编制市县主体功能区规划，促进形成城镇建设有序、产业定位清晰、人与自然和谐相处的区域空间开发总体战略格局。推动中心城区、县城、省级开发区和重点开发城镇等重点开发区域，基本农田和一般农田等限制开发区域，各类自然保护区、文化遗产、森林公园、湿地公园等禁止开发区域依据功能定位发展。加快实施黄河故道综合开发。”① 在促进城乡生态空间开发与发展方面，宿州主要经验主要包括以下三大方面。

（1）坚持“一尊重五统筹”，推进城市生态建设

“一尊重五统筹”是现代城市发展的基本方向与原则。“一个尊重”是指尊重城市发展规律。“五个统筹”是指统筹空间、规模、产业三大结构，提高城市工作全局性；统筹规划、建设、管理三大环节，提高城市工作的系统性；统筹改革、科技、文化三大动力，提高城市发展持续性；统筹生产、生活、生态三大布局，提高城市发展的宜居性；统筹政府、社会、市民三大主体，提高各方推动城市发展的积极性。为此，宿州市政府 2015 年

① 《宿州公布“十三五规划”建议 2015 年 12 月 13 日中共宿州市委第四届委员会第八次全体会议通过》，转引自“宿州发布网” http：//www. suzhoufb. cn/htmls/toutiao/2015 - 12 - 21/1607. html。

公布了《宿州市本地系统规划（2012—2020）、宿州市城市绿线控制性规划（2014—2030）公示》，明确宿州市绿地系统规划的主要内容、宿州市绿线规划内容；编制市县主体功能区规划，推进各地区依据主体功能区定位发展，严格实施环境功能区划，统筹各类空间性规划，努力实现“多规合一”，达到一个市县一本规划、一张蓝图，解决现有各类规划自成体系、内容冲突、缺乏衔接等问题；多措并举，打造园林城市，编制园林专项规划，创新“督查、执法、管理服务”相分离的管理执法机制，推行“检查权、调查权、决定权、执行权”四权分立，建立具有宿州特色的城市管理综合执法体制，依托云计算推出“互联网+”的园林管理维护模式，让互联网与城市管理深度融合；实施地下智慧管网工程，搭建地下管网综合管理平台，以项目化手段对地下管网统筹管理、维修、监督，实现“管网各行其道，故障精确定位，管理责任到人，维修一次到位”。全面落实“河长制”，完成主城区 6 条黑臭水体治理。主城区力争实现“双 80”目标。完善汴河新区、高铁片区、城南片区、城东片区公共服务设施，建设汽车客运中心站及配套公交枢纽站，加快建设植物园、动物园。以人民路和拂晓大道两侧、道东片区等区域为重点，实施棚户区改造 210 万平方米。

宿州植物公园

（2）创新美丽乡村建设体制机制

宿州高度重视美丽乡村建设，制定了“全省超平均，皖北保先进”的工作目标，并且通过创新乡村建设体制机制，打造靓丽的乡村生态名片。

宿州强调，要紧扣四个具体目标，全面推进美丽乡镇建设、加快推进中心村建设、开展自然村环境整治、探索整县推进美丽乡村建设，支持泗县整县推进试点工作。要顺应四个工作转变，在布点上主动顺应“美好乡村”单一推进向“美丽乡村”“美丽乡镇”同步推进的转变；在推进上主动顺应由“以点为主”向“以点带面”的转变；在内容上主动顺应由侧重“物”的新农村向“人和物”的新农村齐头并进的转变；在资金上主动顺应由“平均分配”向“竞争立项、以奖代补、先建后补”的转变。以改善人居环境为重点，突出抓好垃圾处理、饮水安全、卫生改厕等10项重点任务，统筹推进农村危房改造、电网改造、宽带入户等重点工程，进一步完善农村基础设施和公共服务体系，加快43个中心村建设，串“盆景”为“风景”。深入推进“三线三边”环境综合治理，以“三线三边”沿线村镇、美好乡村重点示范村环境整治为重点区域，以农村垃圾清理为突破口，对农村环境脏乱差进行整治、改造、提升，通过清垃圾、清柴草、清杂物、清乱堆乱放、清乱搭乱建、清无序广告等，逐步建立适用有效的农村垃圾处理体系，不断优化农村居住环境。着力提升管理水平，建设长效管护机制。要不断强化工作创新，坚持分类指导，着力打造一批类型多样、风貌各异、多姿多彩的美丽乡村。促进产业融合发展，宜农则农、宜游则游、宜居则居，使产业发展与美丽乡村建设相互促进、同步推进。

（3）科学统筹城乡建设，形成城乡生态建设综合效应

针对宿州经济社会发展过程中出现的农村空心化、城乡两元化、产业分割化的“新三化”问题，宿州市创造性提出，要全力打造创新型农业现代化先行区，实现农业“接二连三”，促进产业融合；农村“退二进三”，守护绿水青山；农民“进二进三”，城乡一体发展，打造“两区”建设的升级版。城乡生态发展重在统筹，也难在统筹。近年来，宿州坚持城乡统筹发展和绿色发展理念，坚持新型工业化、信息化、城镇化、农业现代化同步推进，实现城乡发展一体化，切实实践要把生态环境保护放在更加突出位置，像保护眼睛一样保护生态环境，像对待生命一样对待生态环境。四个县城进一步提质扩容，重点城镇能级迅速提升，美丽乡村建设深入推进，城乡一体化进程步伐加快，综合承载力显著提升。必须把握方向、明确任务，突出重点，坚持规划引领，与现代农业“两区”建设相结合，与扶贫开发相结合，与统筹城乡相结合，在统筹中加速推进，在统筹中融合

发展。走以“人”为核心的新型城镇化道路，更加尊重群众意志意愿、顺应人的体会感受；注重留住乡愁，创意为先，打造个性、彰显特色，让城市更像城市、农村更像农村，实现城市、乡村各美其美、同样多彩。坚持把生态文明建设融入经济社会发展全过程，促进形成城镇建设有序、产业定位清晰、人与自然和谐相处的区域空间开发总体战略格局。把美丽乡村建设作为“三农”工作的重要抓手，坚持市县乡村四级联动，形成整体推进合力。加快推进乡镇政府驻地整治建设，重点围绕“三治理一加强”，加快实施“十个一”工程，提升乡镇品位。

牢固树立绿水青山就是金山银山的发展理念，坚持生态优先，严格环境执法监管，深入实施大气、水、土壤污染防治行动计划。持续抓好非煤矿山整治，强化燃煤、扬尘等污染控制，加强环境空气质量监测能力建设，确保完成空气质量考核目标。积极建设黄河故道等“两河一廊”绿色发展板块，扎实开展北沱河、奎濉河等重点河流水污染整治，大力防治畜禽养殖污染，划定畜禽养殖禁养区、限养区，全面推行市县乡三级“河长制”。启动采煤沉陷区生态修复治理，完成芦岭湖城市湿地规划编制。加强水源地保护，加大城乡黑臭水体整治。统筹抓好农业面源污染、土壤污染治理。落实市城镇绿化条例，启动林业增绿增效行动，造林 16.8 万亩。城乡生态建设统筹发展要坚持“三治三增三提升”，加强县、镇、村建设，继续实施“555”工程。县城 5 项工程：完成整体棚改任务的三分之一以上；建成一个海绵城市或地下管廊示范工程；打通一批断头路；开工建设一个亿元以上的 PPP 项目；新建绿道 10 公里。县城 5 项任务：完成 PPP 项目融资 5 亿元；完成补充耕地指标 3000 亩；完成征迁整理净地 1000 亩；编制完成县城海绵城市和地下管廊专项规划；编制完成县城及重点镇棚户区改造规划和计划。镇村 5 项工作：基本完成乡镇政府驻地建成区整治建设任务；建立完善农村生活垃圾收集、转运机制，实现农村生活垃圾治理全覆盖；完成美丽乡村示范村道路和污水管网建设；新增 10 个以上集体经济收入过 10 万元的村；完成农村集体土地确权工作。[①] 城乡生态空间统筹

① 《宿州市第四届人民代表大会第五次会议关于政府工作报告的决议》，转引自“拂晓新闻网” http：//www. ahsz. gov. cn/default. php？ mod = article&do = detail&tid = 885610

发展，目的在于促进先进要素向农村流动、基础设施向农村延伸、公共服务向农村覆盖、现代文明向农村扩散，以城市建设和重点乡镇的建设带动新农村建设，努力打造“宜业、宜居、宜游”的和谐生态体系。

绿色发展的实践赢得绿色的面貌。2015 年，主城区建成区实现双“70”，城镇化率达到 39% 左右，四个县城框架基本拉开，各类园区实现产城融合发展。全市共建立了省级生态乡镇 10 个，省级生态村 59 个。省级以上各类自然保护区 6 处，其中，国家级自然保护区 1 个，省级自然保护区 4 个，市级自然保护区 1 个。保护区面积 1.3665 万公顷，占全市国土面积的 1.4%；天然湿地面积 2.5163 万公顷，占国土面积的 2.6%。城市集中式饮用水源地水质、水量达标率均为 100%。环境空气质量二级。城区空气质量优良率为 72.5%，空气污染指数 AQI 年均值为 89。全市污水处理厂集中处理率达到 92.4%，建成区绿地率达到 40.2%。8 大类 64 项指标已基本达标，三大核心指标（绿地率、绿化覆盖率和人均公园绿地）分别达到了 34.2%、37.1% 和 13.32 平方米。公园游园数量面积迅速增加，城市绿化品质大幅提升，环城河、运粮河、沱河景观带及城区 20 条道路的绿化提升面积达 150 万平方米。坚持党政同责、一岗双责，出台生态环境保护工作职责，实施十大专项整治，2017 年完成 255 家采石矿山扬尘控制，主城区燃煤小锅炉实现“清零”，完成中央、省环保督察交办及群众投诉问题年度整改任务。几年来，美丽乡村建设、“三线三边”暨农村环境整治均走在了全省前列，打响了宿州品牌。省级文明城市一举夺牌，国家园

林城市成功获批，16 城同创、创建全国文明城市扎实推进，宿州知名度、美誉度、参与度全面提升。

（三）宿州绿色发展实践的启示与思考

走向生态文明新时代，建设美丽中国，是实现中华民族伟大复兴的中国梦的重要内容。绿色发展是党的十八届五中全会确立的五大发展理念之一，是关系我国发展全局的一个重要理念，充分体现了我们党对经济社会发展规律认识的深化，将指引我们更好实现人民富裕、国家富强、中国美丽、人与自然和谐，实现中华民族永续发展。以党的十八大和十八届三中、四中、五中、六中全会和党的十九大精神为指导，围绕“五位一体”总体布局和“四个全面”战略布局，中共宿州市委科学分析判断经济社会发展阶段、形势、主要任务、问题，主动按照绿色发展理念，坚持发展是第一要务，将绿色发展理念贯穿于“十三五”规划中，突出发展绿色经济、低碳经济、循环经济，提高经济发展绿色含量与质量，坚持改善水生态，治理水污染，合理利用水资源，强调优化国土规划，构建国土生态安全格局，统筹城乡生态空间发展，努力发挥生态文明建设综合效应，为推进绿色发展、美丽宿州发展奠定了基础。宿州生态文明建设的主要启示包括以下几点：

1. 深刻认识绿色发展战略的时代价值

一是认识到实施绿色发展战略是顺应时代潮流、提升区域发展竞争力的客观要求。长期以来，传统工业模式带来的严重资源环境问题，引发了人们对传统发展模式、工业文明弊端的反思，可持续发展理念应运而生并已成为当前的全球共识。在应对国际金融危机和气候变化挑战中，很多国家、地区都把转变发展方式、调整经济结构、发展绿色经济，作为抢占未来科技和产业竞争制高点的重要手段，绿色创新浪潮正在全球兴起。对宿州来说，把握绿色发展的时代脉搏，创造一流的生态环境和健康的生活环境是未来发展的希望所在，宿州要顺应时代潮流，把绿色发展战略作为提升区域竞争力的重要手段。二是认识到实施绿色发展战略是解决当前经济社会主要矛盾、适应引领经济新常态的必然要求。“中国特色社会主义进入新时代，我国社会主要矛盾已经转化为人民日益增长的美好生活需要和不平衡不充分的发展之间的矛盾。”十九大作出新时代社会主要矛盾转化的重大政治论断，对于推进生态文明建设具有极其深远的意义。改革开放以来，我国经济快速发展，创造了“中国奇迹”。然而，粗放的发展方式，也使我国在资源环境方面付出沉重代价，积累了大量生态环境问题。生态环境成为国家发展的短板，成为人民生活的痛点。过去五年，我国大力度推进生态文明建设，取得举世瞩目的显著成效。不过，生态文明建设仍然任重道远，优质生态产品仍然总体短缺，人们迫切呼唤清新空气、青山绿水。在很多地方，过去人们盼温饱、求生存，现在则是盼环保、求生态。深刻认识和把握我国社会主要矛盾的变化，有助于我们把环境污染、生态破坏和资源紧缺等问题放在全局发展中统筹考虑、妥善解决。宿州市委、市政府必须更加重视生态文明建设，在推进绿色发展、解决突出环境问题、保护生态系统、改革生态环境监管体制等方面迈出更大的步伐。三是认识到实施绿色发展战略是推进美丽宿州建设、增加人民福祉的内在要求。习近平总书记多次强调，“人民对美好生活的向往，就是我们的奋斗目标”；“良好生态环境是最公平的公共产品，是最普惠的民生福祉”。保护生态环境就是保障民生，改善生态环境就是改善民生。随着经济社会发展和人民生活水平提高，人们对生态环境的要求越来越高，生态环境质量在幸福指数中的地位不断凸显。因此，坚持绿色发展、绿色惠民，为人民提供干净的水、清新的空气、安全的食品、优美的环境是关系到最广大人民的根本利益和中华民族发展的长远利益的大事，是我们党新时期增进民生福祉的科学抉择。宿州山清水秀，具有丰富的生态资源，宿州必须把“百姓富”与“生态美”有机结合起来，全面提升生态文明建设水平。根据党的十八大、十九大精神，围绕建设更加优美、更加和谐、更加幸福的目标，大力推进绿色发展、循环发展、低碳发展，加快形成有利于人与自然和谐的观念理念、生产生活方式，建立健全有利于实现永续发展的体制机制，力争把宿州建设成为生态文明示范区，走出一条生产发展、生活富裕、生态良好的文明发展新路子。

2. 在实践领域坚持绿色发展理念，突出生态文明建设

十九大报告指出，建设生态文明是中华民族永续发展的千年大计，强

调必须树立和践行绿水青山就是金山银山的理念，坚持节约资源和保护环境的基本国策，像对待生命一样对待生态环境，坚定走生产发展、生活富裕、生态良好的文明发展道路，建设美丽中国。宿州必须要深入学习贯彻党的十九大精神，以习近平新时代中国特色社会主义思想为指导，坚持生态优先、绿色发展，努力走出一条生态效益、经济效益、社会效益相得益彰的发展路径并在实践领域坚持绿色发展理念，把绿色发展理念融入经济建设、政治建设、文化建设和社会建设各方面和全过程，在发展中坚持尊重自然、顺应自然、保护自然，坚持把改革创新作为实施绿色发展战略的基本动力，以最严格的制度、最严密的法治，为实施绿色发展战略提供可靠保障生态文明建设。具体来说，要做到以下几个方面，一是发展绿色经济。推进产业形态绿色化，实现环境保护生态化，资源利用集约化，生产过程低碳化，产出回报最大化，实现人与自然和谐共生。二是实施绿色建设。推进城乡业态绿色化，绿色建设是推动新型城镇化与生态文明建设互促并进的重要抓手。宿州认真贯彻协调发展理念，以节约集约、功能完善、宜居宜业为要求，在统筹上下功夫，在重点上求突破，推动城乡建设方式根本转变，切实增强市镇村可持续发展能力。三是创造绿色生活。推进环境生态绿色化，绿色生活与绿色经济相互依存，不可或缺，绿色经济决定绿色生活的质量，绿色生活方式又影响绿色经济的发展程度。因此，要努力实现生活方式的变革，创造绿色生活方式。

3. 完善体制机制，推进绿色发展

健全推进绿色发展重在完善体制和机制。只有建立科学规范的绩效考核制度，健全完善体制机制，才能在全力推进生态文明建设中真正做到加强组织领导，发挥各级党委（党组）领导核心作用，加强对绿色发展各项工作的统筹协调，明确责任抓落实、掷地有声抓落实、动员各方抓落实，营造氛围抓落实，确保绿色发展战略“不变形、不走样”，让生态文明建设落地开花。一是要处理好政府与市场的关系，建立严格监管与有效激励相结合的长效机制。一方面，通过经济类、社会类的规制推动绿色发展，增加违法成本；另一方面使市场机制发挥正向激励作用，引导市场主体绿色生产和消费，调动全社会保护生态环境的积极性。二是要注重加强考核问责，通过建立生态文明综合评价体系，健全政绩考核制度，建立健全领导干部生态环境损害责任追究制度。三是要落实生态补偿机制，改革环境治理基础制度，建立实时在线环境监控系统，在全市实行最严格的水资源管理制度、最严格的节约用地制度、最严格的耕地保护制度、最严格的环境保护制度，充分发挥绿色考核的“指挥棒”作用。四是坚持社会成本效益原则，建立全寿命期的资源利用效率和环境影响效果评价机制。在进行重大政策选择和重大技术推广时，应从社会整体利益出发，对不同领域和行业的技术路线方案，进行全寿命期的资源利用效率和环境影响效果比较，以防止局部优化而整体不优的现象。五是坚持谁污染谁担责、谁受益谁补偿、谁环保谁获益的原则，完善环境保护的责权利机制。加强生态环境保护必须明确责任主体及其责权利，建立奖惩分明的体制机制。以处罚、价格和税收等各种措施，提高破坏和污染环境的成本，增加环境保护者的权益。六是完善法律体系，强化依法保护和治理机制。

绿色发展理念的蓝图已经绘就，关键在于如何落实。绿色发展并不是权宜之计，而是发展中的永恒主题。当前和今后一段时间，宿州市委落实绿色发展理念还需要进一步深化理论认识，让绿色发展成为广大干部群众的自觉意识；进一步提高绿色发展在全局工作中的重要地位，提高按经济社会发展规律干事创业的能力；进一步强化体制机制建设，确保绿色发展理念得到不打折扣的落实；进一步处理好科学谋划与务实推进的关系，既要明确绿色发展的战略方向、整体思路和结构关系，也要深入调查研究，吃透地情民情，明确存在的问题，更要以担当精神和实干精神，增强落实绿色发展的积极性、主动性和创新性；进一步形成政府主导、企业主体、多方参与、全民行动的工作格局，绿色发展不仅仅是党委政府的事，应该是全社会共同的责任，政府要发挥引导、支持和监督作用，企业要积极承担重要责任和义务，公民要养成绿色生活方式和消费习惯，从而形成全社会关心绿色发展、支持绿色发展、践行绿色发展的良好氛围。

四、厚植开放，构筑开放发展新高地

习近平总书记在党的十九大报告中指出，改革开放是决定当代中国命运的关键一招，也是决定实现“两个一百年”奋斗目标、实现中华民族伟大复兴中国梦的关键一招。安徽省委强调，全方位扩大对内对外开放。进一步强化大开放理念，全面融入长三角一体化发展，积极拓展区域合作领域和范围，加速融入国际国内经济大循环，更好利用两个市场、两种资源，在开放合作中拓展发展空间。宿州市委要求，全面深化改革，持续扩大开放，扎实推进重点领域改革，把宿州打造成为皖北改革开放的新高地。改革开放40年来，我国经济发展所取得的巨大成就与开放发展息息相关。当前，随着全球经济发展形势出现新变化，国际经济合作呈现新趋势，我国参与全球经济合作的广度和深度不断增加，我国对外开放迎来新的机遇与挑战；另一方面，随着国内经济形势的发展，社会主义市场经济体制进一步完善，我国对内开放迈出了新步伐。安徽省全面贯彻习近平总书记关于开放发展的重要讲话精神，深刻把握世界经济深度调整变革的新形势新趋势新变化，主动适应我国开放型经济发展新阶段的内在要求，以积极对接“一带一路”、“长江经济带”、自贸区等国家重大开放发展战略为引领，以提升开放型经济发展的质量效益为主线，以优化开放型经济发展环境为根本保障，统筹推进“引进来”和“走出去”，我省深度参与国际经济合作竞争的新优势加快形成。在国内外开放发展的背景下，宿州市贯彻落实开放发展新理念，紧紧把握当前国内外开放发展新形势，结合宿州当地发展实际，大力发展开放型经济，坚持引资引智引技并举，打造发展的政策洼地、服务的环境高地，实现经济发展内外联动，以开放促改革创新，以开放促创新，以开放促发展。

（一）深刻认识开放发展理念的内涵、意义与要求

1. 深刻认识开放发展的新内涵

开放是国家繁荣发展的必由之路。为什么改革开放 30 多年后的今天，“开放”还要作为一种新理念被提出来？这是因为我们赋予开放更新、更深刻的时代内涵。全面理解“开放”概念应把握两个层次：第一，开放作为动词，反映的是一个过程，是一种行为；第二，开放作为形容词，表现的是一个程度，是一种理念。从哲学的层面讲，开放既是强调实践，更是突出主观认识。开放作为理念的提出，强调的不是行动而是思维。我们从不同的角度看事物将得出完全不同的结论。如果我们有开放的思维，就能看到事物有着不同的一方面，这是一种辩证思维。如果我们有开放的思维，就不会对不同观点加以简单的否定，这是一种包容思维。总体来讲，辩证思维和包容思维就是开放的思维，“横看成岭侧成峰”就是这个道理。

客观上，理念上的明白源于思维上的透彻。开放发展强调的是解决发展内外联动问题。辩证唯物主义认为，事物发展过程就是矛盾运动的过程。促进事物的发展变化，既有内因，也有外因，其内因与外因的变化，推动事物运动发展。如果我们通过矛盾运动因果原理分析看待宿州的发展，那么开放发展理念一定是解决实际问题最有力的思想武器和行动指南。坚持开放发展理念，用好国内国外两个市场、两种资源，是促进经济可持续发展的重要手段。正如习近平同志指出的“要发展壮大，必须主动顺应经济全球化潮流，坚持对外开放，充分运用人类社会创造的先进科学技术成果和有益管理经验。要不断探索实践，提高把握国内国际两个大局的自觉性和能力，提高对外开放质量和水平”。在认真学习中央开放发展新理念的基础上，结合本地经济发展的经验、当前面临的问题及未来发展的趋势，宿州市对开放发展有了更深刻认识和更扎实的实践。

2. 深刻认识开放发展理念的意义

（1）坚持开放发展理念，积极推动对外开放，是促进经济健康发展的重要动力

坚持开放发展理念，积极推动对外开放，积极利用外部市场与资源，

是促进经济健康发展的重要动力。

一是进出口作为利用国外市场和资源的最重要形式，是长期以来支撑我国经济增长的重要因素。从出口来说，改革开放以来，国外市场需求成为拉动我国经济增长的动力，特别是从2001年底加入WTO以来，出口成为拉动我国经济快速增长的最重要因素之一。在进入21世纪之后，我国经济在若干年内经济增长率超过10%，粗放型经济增长模式的发展潜力在这几年迅速释放，而拉动经济如此快速发展的因素，除了在亚洲金融危机之后，我国采取的相关宏观调控措施以及国企改革效果逐步显现之外，最重要的外部因素便是我国加入WTO所带来的“WTO效应”，2001年到2017年短短的16年内，出口总额和进出口总额分别增长了7.3倍和8.3倍，增长幅度巨大。正是出口的迅猛增加在短期内为生产规模迅速扩张所引发的产品数量快速提升提供了足够的市场需求空间，因而带动经济快速增长，据研究，我国出口每增长一个百分点，带动GDP增长0.07个百分点，在出口增速迅猛提升的情况下，出口对经济增长带动力是非常高的。从进口角度看，虽然进口增长速度低于出口，但是其绝对增速也保持较高水平，特别是近4年来，其增速保持加快趋势。作为一个人均资源并不丰富的发展中大国，进口一方面满足了国内对资源、能源等迅猛增长的需求，一方面满足了国内亟须的高端设备、技术等相关需求，为我国经济经济发展做出了重要贡献。

二是以“三资企业”为代表的外资，在较长时间内弥补了我国投资资金的不足，并作为一种新的经济成分推动我国市场经济的繁荣发展。改革开放之后的较长时间，我国都面临投资资金不足的状况，而外资的进入大大缓解了这一问题，同时与外资同时进入的还有先进的技术、品牌和管理经验，这些资源的进入对经济快速起步至关重要。正是在外资进入带动下，我国部分产业迅速地实现从发展极其薄弱到成为全球第一的奇迹，其中最为典型的便是汽车产业。虽然随着经济发展，我国资金现在已经大大充裕，对外资的需求也不再十分强烈，但是这绝对不意味着我们要排斥外资，而是要积极主动引进具有较高技术含量的外资企业，为我国经济转型做出贡献。宿州市作为一个欠发达地区，对外开放程度较低。截止到2017年底，宿州市进出口总额和出口额分别为0.71亿美元和5.07亿美元，同期全国这两个指标分别达到 18409.82 亿美元和 22635.22 亿美元，宿州占全国比重分别为 0.0039% 和 0.022%，均远低于同期宿州 GDP 占全国的比重，这表明宿州市的开放程度离全国平均水平尚有较大差距，离东部发达地区差距则更大。同时，在利用外资方面，水平也不高，2017 年全年引进外资项目 10 个，比上年减少 1 个；合同利用外资 0.51 亿美元，下降 31.2%；外商直接投资 7.85 亿美元，增长 7.5%。

这种情况一方面形成很大的压力，要求在未来的发展进程中，必须坚持贯彻五大发展理念，在开放发展方面做足文章，不断提升对外开放度，增加进出口规模。另一方面，辩证地看，落后了就意味着发展潜力大，外部地区可借鉴的经验多，对此要发挥后发优势，积极向东部发达地区看齐，吸收发达地区对外开放经验，不断挖掘自身潜力，争取让进出口能够在较长时间内维持高速增长，使宿州市未来经济健康可持续发展增加另外一个有力支撑。

（2）坚持开放发展理念，积极推动对内开放，是挖掘经济发展内部潜力的重要保证

坚持开放发展理念，积极推动对内开放，努力打通国内区域市场，加速要素市场的市场化改革，是挖掘经济发展内在潜力，促进经济健康可持续发展的重要保证。

一是打通国内区域市场，促进区域经济一体化，是推动经济发展的重要动力。改革开放以来，我国在经济发展进程中逐步形成了各地区竞争发展的局面，不同地区之间存在不同程度的地区贸易、投资壁垒。随着经济发展程度的不断提高，打破这些地区壁垒，促进区域经济一体化，实现不同地区之间有层次的分工协作关系，最终实现“多方共赢”的共同繁荣发展，是经济发展的大趋势。目前，在东中西地区之间，加强经济合作与彼此开放，促进产业合理分工转移，推动各自地区依照经济发展程度实现最佳产业配置，是未来推动经济以较高质量发展的重要保证。

二是按照市场要在资源配置中起决定性作用的要求，加速要素市场改革，为经济发展创造新动力。当前，在这个领域最突出的便是金融方面对民营企业的歧视和在服务业等诸多投资领域中，对民营资本放开的步伐较慢。虽然中央多次宣布改革方案，但是当前影响要素市场化改革的各种障

碍依然存在，民营投资面临的“弹簧门”、“玻璃门”现象尚未得到根本性改变。今后加强相关领域的改革，真正消除影响要素市场改革的种种障碍，是有效提升相关领域经济活力和供应效率，进而促进经济快速发展的重要支撑。同时，在这些领域开放的过程中，不仅仅要消除对不同经济成分的歧视，还要消除对本地区资本的偏袒，真正做到一视同仁。

宿州市在对内开放的部分领域做得较好，取得了较为突出的成绩。例如，积极采取各种措施引进内资，是促进宿州市经济发展的重要手段。2017 年全年，宿州市实际利用内资 1170 亿元，增长 12.5%，远高于全市合同利用外资（0.51 亿美元），表明宿州市对内开放程度远远高于对外开放。当然，作为一个欠发达地区，在对内开放的诸多领域依然存在明显短板，影响了相关领域经济活力的提高。今后，宿州市要紧跟中央精神，积极探索对内开放的各种措施，一方面结合东部产业向中西部转移的大趋势，继续加大内资的引进力度，不断扩张工业规模，促进经济快速增长；另一方面，要加强制约对内开放的相关因素的改革力度，不断提高经济对内开放程度，努力培养推动经济增长的新动力。

3. 深刻认识开放发展理念的要求

（1）坚持开放发展理念，是促进创新发展，推动经济转型发展的重要保证

坚持开放发展理念，积极利用国外的创新资源，能够加速我国的技术创新步伐，推动经济转型和产业结构升级。

一是引进技术创新资源促进自主技术创新。其中最为典型的便是引进消化吸收再创新，即企业在对引进技术进行仔细研究掌握相关技术诀窍的基础上，进行进一步创新，形成自身的创新成果。引进消化吸收再创新的特点是创新效率更高，风险更小，是技术落后国际快速实现技术反超的最有效手段。当前阶段，我国企业在对引进技术消化吸收上的重视程度不够，相关投入远远不及日韩，是今后需要特别强调创新方式。另外，引进技术创新资源还包括引进技术领先跨国企业的研发机构、引进国外技术人才等等，这些都会对我国技术创新产生积极影响。

二是积极“走出去”，利用国外创新资源。相比于创新资源引进，发达国家的创新体系我们不可能整体引进，而积极“走出去”，广泛利用国

外创新的人才、设备积极为我所用，是增强自主创新能力的另外一个重要途径。目前，一部分企业已经采用这种方式进行创新，且取得了良好的效果。但是，整体而言，我国目前“走出去”的企业，对国外创新资源的利用程度还远远不够，需要在今后积极挖掘这一领域潜力，为我国未来的创新发展服务。

宿州市在通过开放发展促进技术创新方面，具有丰富的经验，并取得了一定的效果。宿州市利用的外部资源依然是以国内其他地区为主，多年来通过不断强化招商引资中项目的技术含量，已经引进了一批高技术企业，在一定程度上弥补了宿州市自身技术创新能力不足、高技术企业缺乏的问题。但是，我们应该看到，宿州市引进的高科技企业中，具有强大自主技术创新能力、突出品牌效应、在国内外市场具有较大影响力的高科技企业还较少，这些企业对宿州市自主创新能力的提升带动力还明显不足。因此，今后宿州市在开放发展进程中，应继续加强对外部先进技术的利用度，按照逐步从一般技术先进度向关键技术先进度、国内顶尖企业向国际顶尖企业过渡的原则，加强利用外部资源促进自主技术创新的力度，促进宿州市跨越式发展。

（2）坚持开放发展理念，必须构建新的开放战略，大力推进“一带一路”建设

随着我国经济的快速发展，在国际地位不断提高，坚持开放发展理念，就必须适应国际经济发展的形势，构建一个的开放新战略。“一带一路”建设作为扩大开放的重大战略举措和经济外交的顶层设计，必须要作为开放战略中的核心任务来完成。2013 年 9 月与 10 月，习近平同志在分别提出丝绸之路经济带和 21 世纪海上丝绸之路，即“一带一路”。作为我国对外放开中的重要战略布局，“一带一路”将对我国未来的国际经济合作产生深远影响，是推动我国未来经济发展的战略机遇。

一是有利于经贸合作。我国与“一带一路”沿线许多国家经济互补性强、彼此合作空间大。例如，我国和欧盟，一个属于发达国家联合体，一个属于最大的发展中国家，在国际经济分工体系中处于不同位置，加强彼此合作将是对彼此均有利的“双赢”选择。我国和欧盟之间目前在经贸合作方面已经较为深化，我国是欧盟的第二大贸易伙伴，欧盟是我国第一大

贸易伙伴，然而，二者巨大的合作潜力尚未充分发挥，未来合作的空间依然很大。① 又如，我国和西亚，一个是世界最大的制造业大国，一个是世界上最富裕的能源生产区域，彼此之间经贸合作空间巨大。

二是有利于能源安全。伴随我国在主要能源产品的对外依赖度不断提高，加强与多方能源生产区域合作以增进能源安全，就成为关系到未来经济发展的一个战略问题。随着美国页岩油开采技术的进步，美国有可能会大幅度减小石油进口，而我国将成为世界石油第一大进口国，对外依存度还可能继续升高，在这种环境下，增进能源安全的急迫性大大提高。而“一带一路”的推进，则在很大程度上解决了这一个问题。“一带一路”的推进，将加深我国和西亚、中亚地区的能源合作，对保证我国能源进口稳定具有重要作用。

三是有利于区域经济发展。一方面，“一带一路”打破了我国固有的东中西的经济格局，将三大经济带融汇，为缩小经济差距创造了条件。“一带一路”涉及 18 个省份，在“一带一路”推动下，将有利于我国东部产业向中西部地区转移，并有利于中西部地区基础设施建设，进而对不断缩小东中西地区经济落差产生积极作用②。另一方面，与东部地区相比，我国中西部地区对外开放程度较低，而在“一带一路”战略推动下，我国中西部地区尤其是西部地区的开放水平将上升一个层次，与国外的经济合作无疑将对其经济发展十分有利，有助于推动其经济快速发展，缩小与东部地区差距。

作为经济欠发达地区，宿州市应该牢牢把握这次的战略发展机遇，积极融入“一带一路”建设。宿州市濒临连云港—郑州沿线，属于“一带一路”辐射区，应该积极跟踪国家战略发展动向，将本地区经济融入“一带一路”建设。虽然目前宿州经济比较落后，但是宿州与沿海地区距离不远，背靠中原，兼为承接东部沿海地区向内陆辐射的前沿地带，区位优势明显；资源较为丰富，是国家规划的 13 个大型煤炭基地之一；劳动力资源

---

① 文瑞：《“一带一路”战略背景下的中欧经贸合作》，《世界经济与贸易》2015 年第 5 期。

② 郑志来：《“一带一路”战略与区域经济融合发展路径研究》，《现代经济探讨》2015 年第 7 期。

丰富，全市劳动力总量高达 350 万人。[①] 以上优势如果能在“一带一路”建设中得到发挥，宿州市有望迎来一个新的发展高峰，经济将步入一个新的发展阶段。

（3）坚持开放发展理念，必须迎接新挑战，形成对外开放新格局

坚持开放发展理念，必须迎接国际经济合作中出现的新挑战，积极采取应对政策，形成对外开放的新格局，以便最大程度上利用其中的发展机遇而避免不利影响。当前阶段，全球经济出现如下两个不利于我国的变化：

一是全球经济进入低速增长阶段。2007 年发端于美国的国际金融危机已经过去 10 个年头，目前，部分发达国家已经表现出复苏的态势，但是整体而言，国际金融危机的影响并未全部消退，全球经济依然受其拖累。同时，从全球经济发展的相关因素情况看，未来若干年内全球经济将继续复苏，但是难以回升到金融危机前的平均速度，进入一个低速增长阶段。一方面，国际金融危机影响尚未完全消退，部分发达国家短时期内难以全面复苏，如欧洲的许多国家和日本等。另一方面，新兴经济体增长放缓，未来发展依然存在不确定性。从主要新兴经济体的情况看，除了印度和中国发展情况较好外，许多国家经济发展陷入困境且短期内难以真正恢复高速增长，如巴西和俄罗斯。在全球经济联系越来越紧密的情况下，这一变化对我国未来经济发展显然不利。

二是部分发展中国家承接产业转移条件越来越成熟，这对我国未来工业发展形成不利因素。随着我国劳动力工资水平和福利水平不断提高，以及劳动力整体供求关系的转变，我国劳动力成本呈现不断上升趋势，且这一趋势难以逆转。比较优势的逐步弱化，使我国在劳动密集型产业方面所具备的潜在价格竞争力正逐渐降低。而越南、印度等人口数量较为众多、经济发展程度不如我国的发展中国家，开始逐步具备承接产业转移条件，对我国未来工业发展形成压力。虽然未来依靠技术创新提升核心竞争力将成为我国产业发展的趋势，但是这并不代表所有企业都会达到高技术水平，特别是我国不同地区经济发展差距较大，劳动力密集型行业向中西部

① 《宿州好风凭借力崛起正当时》，《安徽日报》2015 年 7 月 10 日。

地区转移将最有利于我国未来经济发展。

以上两个变化，均对未来宿州市开放发展构成不利影响。其中，作为欠发达地区，尤以产业向发展中国家转移影响最为直接。为了应对这一挑战，宿州市在未来发展进程中，应该加强基础设施建设，不断完善投资环境，加快政府职能转变，大力推动供给侧结构性改革，降低企业负担，优化产业发展环境，持续强化自身在承接产业转移中的优势。而其他两个挑战，则可能会影响未来宿州在对外开放领域对发达地区的追赶，对此，宿州市应该紧跟国家在相关领域的政策变化，在积极扶持企业扩大出口的同时，鼓励企业提高出口的国别分散度，加大向新兴国家如非洲地区的进口，以尽量减缓环境不利变化对经济的影响。

（二）开放发展的宿州实践

近年来，宿州市贯彻落实开放发展理念，克服体量不大、实力不强、参与区域分工不明确、经济外向度相对较低等问题，抢抓国家和省重大战略机遇，全面加强区域经济合作，致力于更大范围、更高水平、更深层次的新一轮对外开放，加快形成皖北开放新高地，为全市经济社会发展拓展了新空间。宿州市先后与美国、加拿大、日本、韩国、德国、荷兰等几十个国家和地区开展了经济、贸易、科技等方面的合作，并与美国的奇诺和奥克兰、捷克的霍诺维彩、墨西哥的科利马和穆斯基斯、日本的福冈、阿根廷的圣米格尔、马来西亚的巴生等多个国家的城市建立了政府间的友好往来关系。来宿州直接投资的有美国、日本、德国、英国、英属维尔京群岛和中国台湾、香港特别行政区等 20 多个国家和地区，投资领域涉及电力、交通、农副食品加工、纺织、房地产、零售等 20 多个行业。其中，有世界 500 强家乐福、世界品牌实验室最具价值排行榜上中国第一鞋类企业百丽鞋业、陶瓷行业排名第一的台湾冠军等大型知名企业相继落户宿州。

1. 积极融入国家发展战略，持续扩大开放发展新领域

（1）主动对接国家“三大战略”

宿州积极发挥自身的区位、资源等优势，主动对接国家“三大战略”，加强和“一带一路”经济带、长江经济带对接，开展与京津冀、珠江三角

洲等区域的合作，带动经济发展。

第一，积极参与“一带一路”经济带建设。新亚欧大陆桥是指从中国的江苏连云港市到荷兰鹿特丹港的国际化铁路交通干线。中国境内由陇海铁路和兰新铁路组成，与北线的欧亚大陆桥相比，它具有明显的运输距离优势。据统计，它比北线大陆桥距离减少3000公里，比海路运输时间减少一半，费用减少20%。从经济角度看，新欧亚大陆桥区域资源丰富、人口众多、潜在市场巨大，同时中国、中亚和东欧等区域，与大陆桥两端的西欧和日本存在发展落差，经济互补性高，经济合作潜力绝大。诸多优势决定了新欧亚大陆桥在“一带一路”战略中占据重要位置，2015年开工的项目中就包括作为新亚欧大陆桥东桥头堡的中哈（连云港）物流中转基地，而今后预计其相关的项目也将优先加速建设，这将给陇海沿线辐射区的诸多城市提供发展机遇。

宿州市紧紧围绕“一带一路”战略的相关措施和项目投资进展，加强与周边陇海铁路线相关城市合作力度，积极推进新欧亚大陆桥经济走廊建设。在具体的合作领域，与陇海铁路线的城市主要在基础设施互联互通、交通物流、通关一体化、产业配套协作等方面加强协作，争取相关的投资加快基础设施建设，并加强与陇海沿线城市在基础设施方面的互联互通，最大限度发挥基础设施效益。宿州海关正式开关，积极推进通关一体化方面合作，进一步提升进出口服务效率，促进对外开放。

第二，主动融入长江经济带区域经济体系。长江经济带覆盖上海、江苏、浙江、安徽、江西、湖北、湖南、重庆、四川、云南、贵州等11省市，面积约205万平方公里，占全国的21%，人口和经济总量均超过全国的40%，生态地位重要、综合实力较强、发展潜力巨大。宿州市所在的安徽省是长江经济带的重要成员，并且安徽省还与长江经济带的龙头长江三角洲无缝对接，全面接受上海、江苏、浙江三省市的辐射带动。长江三角洲是我国经济规模最大、区域分工合作体系完善、域内产业体系较全、可持续发展能力较为突出的经济带。2017年上海、江苏、浙江三省的GDP占全国比重达到20.29%，可以看出，长江三角洲是我国经济发展的核心地带，也是我国进出口最发达的地区。在经济进入新常态后，长江三角洲作为我国技术创新的核心地带，将继续发挥重要作用，在创新发展中继续占据领头地位，并且其在全国经济的地位有望继续提高。

安徽省紧邻江苏省和浙江省，位于长江三角洲直接辐射区域，也属于泛长江三角洲区域。但是受种因素影响，安徽省经济没有完全发挥自身区位优势，尚未较深融入长江三角洲区域体系。但是随着经济的持续发展，安徽省融入长江三角洲经济体系的步伐正在加快，按照国务院关于长江三角洲城市规划地批复，安徽省与上海市、江苏省和浙江省一起被纳入长江三角洲的规划，而在未来的经济合作中，安徽省与这“2 省 1 市”的对接度将不断提高，经济受惠度也会不增加。宿州作为皖北的一个城市，虽然在地理位置上距离长江三角洲的核心区域相对较远，但是濒临苏北地区，随着苏北地区开发的速度不断加快和融入长江三角洲的程度不断提升，宿州依然具有很大的发展机遇。对此，宿州应把承接装备制造、电子信息、轻纺鞋服、食品加工、商贸物流等产业转移作为工作重点，进一步强化与长江三角洲城市在资金、技术、信息、人才等方面的交流合作。同时，要继续加强与长江三角洲的园区合作，不断深化泗县海盐工业园、萧县泉山工业园等园区合作共建，推进与上海张江高新技术产业园战略合作。

第三，加强与京津冀、珠江三角洲等区域合作。京津冀城市群是从首都经济圈的概念发展而来，主要包括北京、天津以及河北省，覆盖区域广阔，人口众多。目前，京津冀一体化的进程已经启动，目前环保和交通一体化在区域协同发展中处于突出地位，但是随之一体化进程的持续推进，区域经济一体化的进程也将逐步加速。鉴于京津冀区域处于我国北方的经济和科技发展的核心地带，其未来发展潜力巨大。而珠江三角洲是长江三角洲外，我国经济最发达、开放程度最高、创新能力最突出的经济区域，随着香港、澳门和珠江三角洲经济融合度不断提高，珠江三角洲的区域经济合作的深度和广度有望进一步提升。宿州虽然与京津冀区域和珠江三角洲等都有一定的距离，难以融入区域经济一体化进程中，但是却可以加强在承接产业转移、加强创新合作等方面进行合作，承接非首都功能疏解和鞋服、电子信息等产业转移，培育增长新优势。

（2）加快推进区域合作交流

为加快推进区域合作交流，积极融入区域经济一体化，宿州市主动对接中原经济区规划，努力争取政策落实。在参与淮海经济区核心区一体化

进程中，启动萧县—泉山工业园建设。

第一，借力发展，纵身跨进中原经济区。

2012 年《中原经济区规划》正式获国务院批复，宿州市被纳入其中，迈入“国字号”规划的宿州，迎来振兴新机会。中原经济区的成立，将为作为同类地区探索转变经济发展方式，促进工业化、城镇化和农业现代化协调发展，提供科学发展的宝贵经验。因此，作为传统农业区和粮食主产区，宿州加入中原经济区，标志发展正式上升到国家层面，是重大的历史机遇。为了把今后发展的一些要求和重大建设项目能进入到国家的规划当中，宿州市政府多次召开了中原经济区谋划项目申报会，筛选和谋划了一批重大项目，和省发改委进行汇报衔接，同时积极“跑”省“跑”部，同步对接省发改委和国家发改委规划编制工作，力争在中原经济区规划中多体现宿州市的诉求和重大项目。宿州市加入中原经济区，推进“三化”协调发展，以产业城和农业“两区”建设为抓手，在整体承接产业转移中加快工业化进程，在推进产业城建设中加速城镇化步伐，在农业农村“两区”建设中推进农业现代化，实现在工业化、城镇化双轮驱动中同步推进农业现代化，构筑城乡融合、工农协调、跨越发展的“三化同步”推进新格局。

坚持工业扩张是主导，产业发展是关键，抢抓沿海产业转移和皖北振兴历史机遇，以整体承接、龙头带动、产业集聚为抓手，不断壮大工业经济实力，为城镇化和农业现代化发展提供强力支撑。

坚持城镇扩容是引领，产城融合是支撑，重点围绕7个省级开发区、宿马现代产业园、高新技术产业园、制鞋产业园、家居产业园、文化产业园、职教园区、服装产业园和适宜产城融合的乡村工业园，建设宜业宜居的产业城，实现产城一体化、城乡一体化发展。

坚持农业提升是基础，改革创新是动力，以国家级现代农业示范区和农村改革试验区为抓手，在不牺牲农业和粮食、不牺牲生态和环境的基础上，盘活农业生产要素，促进农业增效、农民增收、农村繁荣，进一步解放农村富余劳动力，合理集约利用农村闲置土地资源，为工业化、城镇化提供资源支撑。

第二，主动参与淮海经济区核心区一体化进程。

2006年宿州市提出“把主动融入徐州经济圈作为实施东向发展战略、加速对接长三角的起跳板”发展意见。经过11年的融合发展，宿州和徐州两市在经济、文化、社会、科技等方面联系更加密切，形成优势互补、同促共进的发展格局。特别是宿州市萧县与徐州在地理上无缝接轨，历史上渊源深厚，产业上相辅相连，主动承接辐射效应，深化交通运输、产业转移、生态旅游等方面的对接，积极融入“徐州经济圈”，主动参与淮海经济区核心区一体化进程。

线网规划。萧徐快速通道S301延伸线萧县段正加快建设。萧县北外环市政道路立项、工程勘察设计招投标完成，工程可研、初步设计及土地报批、环评等有序推进。符离大道萧县段正进行立项等前期工作，G310黄口至徐州段已开工，萧县薛庄至徐州淮西客运站835公交线路已开通。

园区建设如火如荼。萧县加快“一园五区”建设，积极对接徐州退城进园项目。县经济开发区招引徐州企业，打造“中部瓷都”和区域性现代机械研发制造基地。萧县与徐州泉山共建工业园，入驻正民车业、德基汇金、永冠环保等8家徐州退城入园企业。县轻化工业园建成并投产企业11家，其中凯奇化工、亚太化工、舜邦化工等5个项目来自徐州。县食品工业园入驻奥鹏食品等3家徐州企业，县循环经济工业园引进鑫固环保、瑞泰玻璃、中矿永宏等徐州外迁企业，张江萧县高科技园正积极对接徐州地区的银行和证券等机构。

生态旅游后发赶超。国家森林公园皇藏峪与龟山汉墓、楚王陵景区签订“徐州萧县汉文化联盟”，实现3个景区之间相互宣传推介。开通皇藏峪景区—徐州客运南站公交旅游专线，新增徐州地区游客5万人，年增旅游综合收入200万元。国家级重点文物保护单位、全国100家红色旅游经典景区之一的淮海战役总前委会议和华东野战军指挥部旧址，与中国人民解放军徐州工程兵学院结成共建单位，定期在蔡洼红色旅游景区开展革命传统教育。

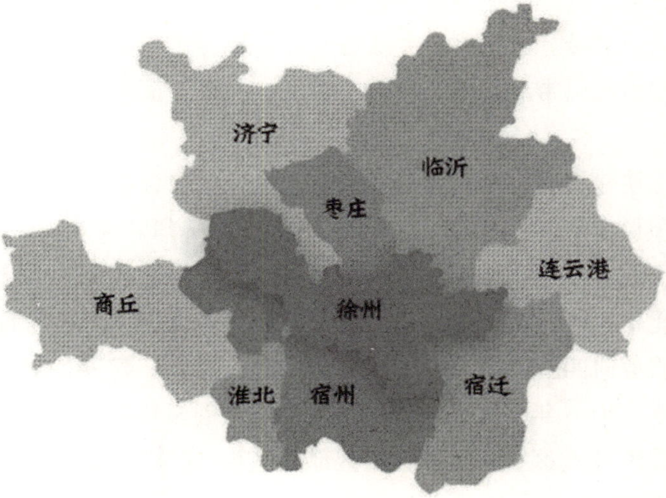

第三，结对共建，搭建区域合作新平台。

2014年，萧县县委、县政府先行先试，落实宿州市政府与上海张江高新区战略合作，通过与合伙推动、市县共建搭建了沪皖新兴产业合作平台，建设张江萧县高科技园区。园区地理位置优越，区位成本优势明显，距郑徐高铁萧县北站仅5公里路程，归属政治、经济、金融航运2.5小时经济区。园区以“政府引导、园区主体、市场运作、合作共赢”为目标，依托上海张江高新区国际化、市场化、多样化和法制化的特征，结合萧县区位优势、丰富资源、市场腹地、产业基础和深厚的文化底蕴，构建自主创新、优势互补、深度融合的区域协作关系。因快速发展，2015年11月

18 日上海张江高新区给予揭牌“上海张江久有萧县高新技术产业示范基地”。时任安徽省委书记王学军 12 月 5 日赴园区调研，充分肯定了萧县率先发展、创新发展和借力发展。目前，萧县正按照积极打造“安徽省战略性新兴产业孵化基地”目标加快推进产业发展和基地建设。萧县的创新发展也引起了新华社、光明网、人民网、人民日报社民生周刊、中华网等媒体的关注。

产业创新发展。萧县政府 5 年出资 10 亿元设立扶持基金，与上海久有基金成立合伙企业，直接面向全球整合资源，园区重点发展 TMT、生物医药及医疗器械、新能源新材料产业生态圈，2016 年 7 月 30 日落户的 12 家企业集体入驻。落户企业健康快速发展，已开展人员招聘、专利申报、外籍专家引入、对接标准化厂房、准备海外订单等工作。示范基地揭牌后以商招商、辐射吸引带动效应已显现，上海、北京、深圳高新技术企业陆续落户。

基地加快建设。将原政务新区按第四代产业融合社区标准改扩建龙城创业天地项目 2015 年 7 月启动，通过市县共建及 PPP 模式加快载体建设，规划建筑面积 10.7 万平方米，包括改造北区 WeWork 高端研发楼，南区 8 栋标准孵化单元楼，新建南区综合商业配套和书画创意中心，各种众创空间、配套服务向四周辐射，建成科技、智慧、低碳、健康、文化的第四代产业园典范。2016 年 5 月，获得国家发改委双创三年行动计划专项建设资金支持，2016 年北区投入运营、南区部分运营，2017 年新建主体竣工。

布局调转促发展。围绕产业定位已优选储备 50 多个高科技项目，预计 3 年建成产业生态圈，5 年引入和培育百家企业、科研院所，通过发展战略新兴产业促进传统产业提档升级，通过融入长江经济带发展建成皖北科技高地，引领萧县县域经济又好又快发展。

（3）结对合作，不断深化南北合作共建

2009 年，为推动皖北加快发展，促进区域协作共进，安徽省委、省政府决定在合肥等市县与皖北之间开展结对合作，其中马鞍山市与宿州市结对合作，自此宿州市拉开南北合作共建的序幕，开放发展也走出新的篇章。2012 年 1 月 18 日，在安徽“振兴皖北、加快崛起”战略背景下，宿马现代产业园区经省人民政府批准成立，由马鞍山、宿州两市合作共建，独立运作，享受省级开发区政策，托管埇桥区东部新城行政管会、蒿沟乡、苗庵乡等部分乡镇，面积253平方公里，人口15万。

宿马现代产业园区成立以来，积极整合宿州、马鞍山两市政策资源，主动适应经济发展新常态，充分发挥比较优势，加快转型升级和自主创新，实现了好快发展，已成为皖北振兴、宿州崛起的新引擎。连续两年在全省“3+5”共8个合作园区综合考评中位居第一。2018年，计划完成固定资产投资超76亿元，同比增长10%；工业总产值达64亿元，同比增长11%，其中规上工业产值实现45亿元，同比增长11.25%；完成财政收入5.3亿元，同比增长10.4%；招商引资、项目建设完成新开工项目30个，新竣工项目20个；完成规上工业增加值10.2亿元，同比增长11%；规上企业净增7家；全年进出口总额完成1000万元；实现招商引资实际到位内资80亿元，其中工业到位内资50亿元；引进外商直接投资8000万美元。全面开创经济工作新局面。

第一，经济运行高速推进。园区主动适应经济发展新常态，强力推进经济运行保持高速增长，2012—2014年，园区连续三年在全省“3+6”皖北现代产业园区综合考评中位居第一。经济发展部积极适应经济新常态形势变化，紧密结合园区实际，突出工业经济和实体经济，全力推进“调转

促”工作，实施产业错位发展，全力打造“四个园区”，全面推动实施六项工程。各项经济指标完成情况超前，均居全市前列。2017 年，园区实现地区生产总值 8.2 亿元，园区工业企业累计完成工业总产值 50.5 亿元，同比增长 260.7%。其中：23 户规模以上工业企业完成总产值 35 亿元。完成工业增加值 8.1 亿元，同比增长 197.8%。园区累计完成固定资产投资 60.5 亿元，同比增长 14%，工业投资 35 亿元，同比增长 59.5%。新发展企业和个体工商户 400 户。鸿丰、凯欣堂、普健、瑞年、皖鹏节能挂车、天富碳纤维等 6 户战略性新兴企业预计完成产值 7 亿元。皖鹏节能挂车、洁来利、儒意文化、镁园农业、光途啤酒等 30 家企业顺利投产。

第二，招商引资成效显著。园区依据“2+2”产业规划，坚持节约集约发展原则，实施精致选商和精准招商“组合推进”，对两个主导产业（食品和农产品深加工、专用车暨机械装备制造）及电子信息、商贸物流产业的上下游产业链条进行深入分析，特别是对国际 500 强、国内行业 100 强进行认真梳理，定位四大产业在国内的分布状况和集聚区域，编制了产业链招商路线图，加快推进项目签约落地。在产业培育上，逐步突破两大主导产业（绿色食品、装备制造）瓶颈，着力向新能源、新材料、高端装备制造、电子信息等多元化产业体系发展。已建成了佳达创智物流园、青年创新创业物流园、科技创新创业园、3D 打印等产业集聚平台。投产了正新食品、鹿鹿食品等 50 余家工业企业。又新招引了泰盛集团、安源客车、绿地集团等 30 亿元以上重点项目。

第三，承载能力不断增强。园区按照“放得下、接得住、管得好”的要求，积极承接了宿州市 167 项市级行政审批权限，实施行政审批流程再造，建立了从项目签约到建成投产的“一站式受理、全程跟踪、协调督办、高效便捷”服务保障机制，实现在线办理、限时办结。园区与安徽省食品药品监督管理局签订了战略合作框架协议，为园区食品、农产品项目审评审批方面给予政策指导，开辟绿色通道，提供更多的技术、人才支持。皖北食品检测中心、皖北综合保税仓、科技孵化器等公共服务平台正在加快建设，园区综合服务承载能力不断加强。

第四，产业集聚日益凸显。园区坚持以“百名干部推百个项目”为抓手，积极开展“项目建设提速年”活动，不断提升“宿马速度”和“宿马效率”。建园以来，园区累计开工144个项目，完成投资135.65亿元，形成了四大产业板块，食品和农产品加工产业园版块，至诚和信食品等17家企业已顺利投产；专用车暨机械装备制造版块集聚了马钢机械、兴邦专用车、万骐电动汽车等13个亿元以上重大项目；电子信息和光电材料版块卓云信息等14家电商平台上线运营；商贸物流版块佳达创智物流园等四大商贸物流园获批省级“现代服务业集聚区”。

第五，融资能力显著增强。园区坚持以体制机制创新为突破口，不断破解发展瓶颈，加快创新发展。以宿马投资公司为平台，设立了1亿元的产业发展基金、1亿元产业发展资金，成立2亿元风险投资基金；设立5000万元的园区“徽盈”中小企业发展基金，填补了初创期和成长期中小企业融资缺陷；以公共基础设施建设为平台进行融资，实现滚动发展。目前，宿马投资公司现已发展成为拥有产业发展公司等18家子公司的集团公司，公司资产突破80亿元，净资产超过50亿元，并已成功改组升级为宿马投资集团，15亿元企业债券发行工作正在加快推进。

第六，转型升级全面加速。围绕打造“四型”园区，加快推进转型升级“1465”行动计划。加快拓展产业链，将“食品和农产品加工、专用车暨机械装备制造”列为双首位产业；深入推进产学研合作，加快推进皖北食品研究院、鸿丰生物实验室等项目建设；积极引入上海3D研究院、上海黄浦科技孵化器、巨人商学院、新林总部经济等项目，不断提升自主创新能力；依托中小企业创业园，加大“双创”扶持与产业培育，61家中小企业快速成长，先后获得了安徽省青年创业园创建单位、团中央首批命名的“全国青年创业示范园区”等荣誉称号。

第七，产城融合初具规模。园区按照建设“四化同步、产城一体”的要求，紧密衔接宿州市城市总体规划和土地利用规划，高规格编制了20平方公里的总体规划（2011—2030年），不断优化空间布局。起步区8平方公里道路交通体系已经建成，水、电、气、集网实现全覆盖；产业片区12平方公里内，“八通一平”产业配套基本建成；11万伏变电站、自来水厂、污水处理厂、市民公园、安杰医院、北大附属实验学校等城市功能配套已经建成，现已成为安徽省推进开发区产城一体化规划建设试点单位，并成功入选“2015年中国成长力百强园区”。

2. 主动承接产业转移，持续提升开放发展新水平

（1）创新产业承接转移，产城融合发展

借助新一轮产业转移的最佳契机，凭借优越的区位交通优势和劳动力资源优势，宿州市瞅准产业规模大、市场空间广、对劳动力资源依赖性较强的制鞋业，突出链式招商、精准招商，整体高位承接转移，先后吸引全球排名第二的鞋业巨擘“百丽”以及东艺、康奈、鸿星尔克等海内外知名鞋革企业入驻，实现了引进一个龙头、带动一批企业、集聚一个产业的良好效应。宿州市因势利导，将制鞋产业列为全市首位度产业，规划了总面积16.5平方公里的“中国现代制鞋产业城”，成立中国现代制鞋产业城建设领导小组，全力打造集加工制造、商贸物流、研发创新、教育培训、会展旅游五位一体的国内一流现代制鞋产业城。2011年初，宿州市委、市政府举全市之力启动建设中国中部（宿州）鞋业生产基地，围绕“思想解放先导区、特色产业示范区、优质要素富集区、幸福生活新城区”的发展定位，努力探索一条“以产带城、以城促产、产城互融”的一体化发展新路径。2012年，中国轻工业联合会、中国皮革协会、安徽省人民政府、宿州市人民政府在上海签订“中国现代制鞋产业城·宿州”共建协议，确定把宿州鞋业生产基地建设成为中国现代制鞋产业城。2013年，安徽省经信委授予宿州现代制鞋产业城“安徽省新型工业化产业示范基地”称号；2014年，中国轻工业联合会、中国皮革协会正式授予“中国现代制鞋产业城·

宿州”称号，成为安徽省为数不多的“中字头”特色产业园区。

在打造宿州鞋城产业集聚的同时，宿州市统筹推进工业化、城镇化、农业现代化、信息化“四化”同步发展，加速城镇化步伐。现代制鞋产业城坚持产城融合，按照“产业集聚、人口集中、功能复合、保障完善”的原则，同步完善园区的城市功能和社会保障体系，让更多的务工人员实现了“进园区打工、在城市安家”的梦想。

一是秉持产城融合理念，加强园区顶层设计。宿州现代制鞋产业城在筹建之初，即坚持“以产带城、以城促产、产城互融”的产业城发展理念，在新一轮承接产业转移过程中，着力打造产业、城市、人口良性互动发展的“产业新区、人居新城”。

高起点编制宿州现代制鞋产业城规划体系。坚持制鞋产业城高起点规划、高标准建设，先后委托中国皮革和制鞋工业研究院编制鞋业基地园区及产业规划，明确空间布局、功能板块、基础设施、配套设施和产业布局、发展思路等内容；出台《关于加快中国中部（宿州）制鞋产业基地建设的意见》和招商引资、保障性住房建设、和谐新区建设 5 个配套政策，明确指出力争用 3 ~ 5 年的时间，建成 10 平方公里鞋业生产工业园区，吸纳 10 万人就业，实现销售收入 300 亿元、利税 30 亿元，即“3311”工程；用 5 ~ 10 年的时间，建设 20 平方公里鞋业生产工业园区，吸纳 20 万人就业，实现年销售收入 500 亿元、利税 50 亿元，即“5522”工程。致力于把宿州现代制鞋产业城建设成为集加工制造、商贸物流、研发创意、教育培训、会展旅游五位一体和宜业宜居的新城区，把宿州打造成为中国现代制鞋产业加工制造新中心、转型升级新标杆。

积极争取国家和省级层面支持。在鞋城建设发展过程中，省委、省政府以此作为加速皖北发展的试验示范区，给予大力支持。国家领导人和省委、省政府领导多次来宿州现代制鞋产业城实地调研，并就制鞋产业城建设和发展专门批示，省政府多次召开会议专题研究宿州鞋城建设事宜。中国轻工业联合会、中国皮革协会作为制鞋产业城共建方，始终关注制鞋产业城发展，先后在宿州现代制鞋产业城成功举办“中国制鞋产业转移与转型高层论坛”“中国宿州现代制鞋产业城杯”全国制鞋工技能竞赛决赛暨第中国制鞋产业发展高层论坛和中国皮革协会鞋业委员会年会等国家级论坛和活动，扩大宿州现代制鞋产业城的知名度和影响力。2014 年，省发改委等 7 家省直部门联合印发《关于支持宿州制鞋产业城建设的函》（皖发改皖北函〔2014〕966 号），进一步就宿州制鞋产业城建设给予具体的政策扶持。2014 年，宿州海关获中编办批准设立，海关工作组和国检局办事处入驻宿州现代制鞋产业城办公，2016 年 10 月宿州海关正式开关。

二是坚持产业集群发展，强力打造产业新区。制鞋产业从无到有、从分散到集群、从配件加工到整鞋生产，逐步融入中国乃至全球制鞋产业链条中，中国制鞋产业的“宿州版图”日益清晰。

坚持高位整体承接。围绕加工制造、商贸物流、研发创意、教育培训、会展旅游“五位一体”的发展目标，高位承接国内外龙头鞋企和成长性好、市场空间大的特色中小品牌企业，大力开展精准招商、链式招商、协会招商，整体承接沿海制鞋产业集群转移。随着百丽、康奈、东艺、鸿星尔克、野力体育等 32 家国内知名整鞋企业的成功入驻，产生良好的“榕树经济”效应，多家配套企业纷至沓来，实现引进一个龙头，带动一批企业，集聚一个产业的良好效应。

致力产业集群发展。避免承接产业转移成为企业的单一位移和产业的简单复制，重点围绕“3311”和“5522”的发展目标，多维度推动制鞋产业发展。大力提升产业高度，定位中高端鞋类消费市场，倾力引进国内外知名品牌企业，加大科技研发支持力度，鼓励企业产品技术创新，不断增强产业核心竞争力；大力延伸产业长度，根据产业发展规律，坚持纵向上下游衔接、横向多元化发展，有序推进产业链条延伸，形成从整鞋生产、鞋材配套、鞋机装备到人才培训、研发创意、商贸物流为一体的全产业链；大力拓展产业宽度，突出制鞋产业特色，逐步增加鞋类品种，初步形成以广州、温州、泉州为代表的中国三大鞋业板块“三州归宿”的局面，促进制鞋产业集群集聚发展。

三是完善园区城市功能，同步打造宜居新城。在推进产业发展的同时，按照“建设产业基地、打造产业新城、培育区域品牌”的思路，坚持“产业集聚化、人口集中化、功能复合化、保障完善化”的原则，加快配套设施建设，同步完善园区的城市功能，走出一条制鞋产业发展的创新之路。

实施基础保障工程。以完善园区的基础设施建设集聚产业，以产业发展倒逼园区基础设施建设，同步实施产业城内交通路网、供水排水、供电通信、燃气管网、污水处理等基础设施建设，为产业发展和城市建设提供基本平台和基础保障，为产业城后续建设和综合开发创造条件。目前，现代制鞋产业城一期道路已形成“十一横六纵”的路网布局，鞋城工业区、生活区与主城区互联互通，道路绿化、亮化同步完成。

实施配套完善工程。高标准规划，高水平配套，统筹推进产业城住房、教育、医疗、文化、娱乐、商贸等公共配套设施建设，先后规划建设3个千亩园小区和30万平方米的保障性住房，可满足20万产业工人的住房需求。园区内宿州国际实验学校4300多名学生入读；2015年，宿城一中城南校区将正式开学，3500名学子将走进全新校区。宿州现代制鞋产业城公交始末站及38座候车亭全部建成，实现制鞋产业城内公交线路全覆盖。4万平方米的鞋城商业步行街已招租运营；综合性医院、大型商贸区、市民广场等配套设施启动建设。注重产业城与主城区的相互联系，让主城区借助产业城得到迅速扩张。鼓励主城区的商贸、教育、医疗、餐饮、娱乐业优质资源向产业城扩张，充实产业城的城市综合功能，初步形成集产业与新城一体化建设发展的融合形态。

实施形象提升工程。加快改善产业城人居环境，满足园区广大群众休闲游憩需求，已建成点状游园5个，面积约5.3万平方米。扎实推进文明创建和环境整治工作网格化管理，制鞋产业城人居环境进一步改善。随着宿州现代制鞋产业城各类配套设施逐步完善，农村人口加速向园区转移，园区空间进一步拓展，城市形象进一步提升。

四是坚持以人为本，创新产城融合机制。为进一步吸引鼓励农业转移人口到园区就业、在城区安家，我市出台“1+5”扶持政策，在制鞋产业城大力实施“圆梦计划”，确保就业人员招得来、留得住、发展好。

完善住房保障体系，实施“安居圆梦计划”。将制鞋产业城务工者住房纳入城市住房保障体系，纳入政府廉租房、公共租赁房、经济适用房、限价商品房政策享受范围。根据不同阶段、不同层次务工者的居住需求，多层次建设蓝领公寓、公共租赁住房、限价商品房和人才公寓等各类保障性住房，根据务工人员在制鞋产业城的工作年限等，合理确定各类务工者保障性住房准入条件、租金和价格优惠幅度。通过“千亩安居苑”等保障性住房、企业集体宿舍、农民工集体公寓等方式，促进务工者在产业城定居，圆进城务工人员“园区就业、城市安家”的梦想。

加强职业教育培训，实施“大学圆梦计划”。根据企业用工需求，建好培训基地，办好各职业学校骨干专业。与相关企业达成共识，圆农民工“上大学”的梦想，与宿州学院、宿州电大、宿州职业技术学院、宿州技师学院等院校联合办学，通过各种职业教育方式，为产业发展积聚人才，让工人有长远的发展、有发展的规划、有稳定的收入。建立健全职工技能评价体系，鼓励产业工人通过学历和技能提升，改变生活、融入城市。目前，在宿州电大与百丽鞋业共同办的“宿州电大百丽教学点”，已有在读大学生员工200多人。

衔接基本公共服务，实施“保障圆梦计划”。衔接对接城乡基本公共服务和社会保障，成立农业转移人口市民化培训学校，对辖区失地农民进行就业培训、技能培训和素质培训，增强失地农民可持续发展能力；建立非城镇户籍从业人员综合保险制度、农转非人员社会保险制度和农民工社会救助制度，推进城乡社会保障对接，实现社会保障的顺畅转移和有效连接。保障农民工子女平等接受教育权利，享受城区学生同等待遇。圆农业转移人口与城市户籍人口享受同等社会福利的梦想，鼓励农村人口有序向产业城转移。

启动人地挂钩试点，实施“居民圆梦计划”。根据《中原经济区规划》

和省政府安排部署，2013 年 6 月，制鞋产业城和埇桥区灰古镇付湖、秦圩两村结对共建，在全省率先开展“城乡统筹、结对共建、占补平衡”人地挂钩试点工作。制鞋产业城先期为村庄投入资金 3000 多万元，对两村进行旧村搬迁、集中安置，将置换出的节余建设用地指标用于制鞋产业城发展，复垦出的耕地集中流转用于发展现代农业，解放出的农村劳动力进入产业城就业。目前，仅这两个村 3000 多名农民已入住新居，成为梦想中的城里人；村庄新增耕地 1872 亩；腾出 274 亩建设用地指标用于制鞋产业城建设；1000 多名农业转移人口进入制鞋产业城稳定就业。宿州现代制鞋产业城人地挂钩试点，为安徽省破解要素制约、促进农业人口就近就业转移提供有益的探索。

（2）坚持“无中生有”促转型，培育新兴产业破茧而出

适应新常态、把握新常态、引领新常态，是宿州市经济发展的大逻辑。宿州市主动适应新常态，培育壮大更多新的经济增长点，让新的经济引擎动力更强劲，真正走上创新驱动、内生增长的发展轨道。宿州市在充分发挥资源、交通和空间优势，把承接来自沿海和长三角城市的产业转移作为核心战略和主攻方向的基础上，敏锐把握现代信息产业发展方向，依托高铁等比较优势，将云计算作为招商引资的重点，大力发展云计算产业发展，规划建设了宿州智慧云计算产业园、中科云智慧（宿州）产业园，吸引了华为、阿里巴巴、中国网库、世纪互联、科大讯飞等一批知名企业

和研究机构齐聚宿州。

宿州市将云计算作为高新区“3111”工程的首位产业，摸索出“率先发展基础云、注重建设平台云、全面开发应用云”的发展模式，具备了承接全省信息消费的能力，形成了特色鲜明的云计算全产业链。当前，两百余家高新企业在这里扎根发展，形成完善的云计算全产业链。“基础云”建成4万平方米数据机房，引进中国电信、世纪互联、斐讯、长城宽带等4家龙头企业，政务云、教育云、医疗云、交通云等智慧城市业务全部迁上“宿州云端”。“平台云”引进华为、金山、科大讯飞3家龙头企业，为入驻企业提供一站式云服务。“应用云”引进塑想渲染、阿尔法游戏、上科院基因测序、亿赞普跨境电商、豪晟移动互联网等数十家龙头企业，形成了动漫渲染、手机游戏、生物医疗、电子商务、终端制造等特色板块，发展势头强劲。2016年，安徽省政府确定宿州市高新技术产业开发区云计算产业集聚发展基地为省战略性新兴产业集聚发展基地。

一是特别注重龙头企业带动，发展云计算全产业链。经过多年发展探索，特别注重龙头企业引进培育、产业链精准招商，初步形成以龙头企业带动、骨干企业支撑、中小企业协作的云计算全产业链。目前，基地入驻的215家企业，在基础云、平台云、应用云三个层级龙头企业17家，形成了特有的云计算“宿州模式”，打造了一站式云计算服务体系。“三朵云”

互为依靠、相辅相成，基础云提供云计算机柜存储服务，平台云公司提供云计算技术产品，应用云普及云计算技术应用，带动智能制造发展，带动企业信息化应用，帮助企业转型升级，具有强劲的生命力。

二是特别注重夯实产业基础，发展后劲不断增强。宿州举全市之力建设高新区云计算产业基地，不断优化机制，夯实基础，形成合力，切实增强云计算产业发展的后劲。强化网络电力支撑，成立国有华瑞网络公司，统购统销宽带资源并提供宽带服务；推动省电信数据中心直连宿州数据中心机房，实现宽带由三级节点向二级节点升级；推动鹏博士投资建设宿州数据中心机房到南京数据机房的光纤网络，实现与一级节点直连直通；建成110KV专用变电站，与安徽国电合作成立园区售电公司，实行对企业直售电，电价控制在0.5元/度以内。强化人才支撑，出台市人才“十百千万”人才引进计划；与复旦、同济、中科大等十余所高校共建学生创业就业实训基地；与甲骨文、斐讯共建培训学院培训基地；推动芯片测试封装、石墨烯云计算材料分析、石墨烯应用及研发、过滤膜新材料研发等5个研发平台建设；吸引乔振华、朱彦武、瞿研、罗林保等5个创新团队入驻。强化科技支撑，获批1个国家级技术研究中心、4个省级工程研究中心及工程实验室；与安徽省科技厅共同成立云计算产业科研平台；建设国盾量子通信保密应用工程中心；亿赞普、佳力奇、贝斯康、云盾等一批入园企业获得国家级项目建设或许可证书。

三是特别注重金融配套服务，加速中小企业培育。高新区特别注重入驻企业的金融配套服务，建立股权投资基金等多种方式，拓宽企业融资渠道，想方设法帮助企业获得金融服务。除市政府设立的2亿元云计算发展基金、1亿元石墨烯发展基金外，高新区引进设立30亿元手游基金、2亿元影视基金、5000万元天使基金，全力解决入园高端人才和成长型企业资金问题，为企业在创业阶段提供直接帮助。当前，影视基金已经产生效果，5部电视剧成功备案，手游基金直接推动部分园区手游企业并购上市。

四是特别注重结合传统产业，推动产业转型升级。宿州云计算特别注重与传统产业结合，带来了宿州信息化、工业化的深度融合发展，一大批应用型企业得以广泛应用。比如，小马科技仅55人团队，通过专业化网络运营经验，与本地企业合作设计研发新型产品，帮助企业打开产品网络营销渠道，仅帮助经开区明晶贸易公司网上销售童车，年增长销售额3000万元。阿尔法游戏已带动11家游戏团队公司及服务外包企业落户园区，填补宿州产业空白，2015年实现营业收入4.9亿元，预计今年可带动产值10亿元左右。

3. 大力发展外向型经济，全面提升经济开放度

为了不断提高对外经贸发展，提升经济开放度，进而促进经济发展，宿州市一直积极探索强化对外经贸发展的方式方法，推广上海自贸区可复制改革试点经验，在投资、贸易便利化、金融、服务业开放等领域，推进准入前国民待遇加负面清单、全面备案有限核准等外资管理体制改革。推动加工贸易转型升级，鼓励企业借助境内外展会平台，扩大出口规模，积极打造具有国际竞争力的优质农产品和服装成鞋出口基地。

（1）以资金支持等手段，促进企业扩大进出口

以资金支持鼓励企业扩大进出口，是加速对外经贸发展重要方式之一。最近几年，宿州市安排了一系列的相关措施。具体包括：

从2012年开始，建立外经贸发展专项资金，市财政每年安排600万元专项资金，支持外经贸扩总量、调结构、促增长，重点用于支持政策叠加、培育进出口增长点、外经贸业务培训、加大外经贸工作考核等方面。同时要求各县区也要安排一定量的专项资金，促进区域外经贸发展。同时，配套国家、省外经贸促进政策，重点对企业进出口增量、参加市统一组织的境内外展会、出口信用保险、国际市场开拓资金、出口品牌、出口基地和外贸公共服务平台建设、进出口企业孵化、重点外贸企业和中小成长企业培育、贸易摩擦应对、“走出去”及进口先进设备、核心技术、关键零部件等方面给予资金支持。培育进出口增长点。另外，培育骨干企业，力促做大做强。对当年进出口实绩突破300万美元、1000万美元、5000万美元、1亿美元的企业，分别按照不同的奖励程度，给予重点支持。

为了进一步解决进出口企业贷款难的问题，宿州市2015年推行统借统还的贷款管理办法，即由宿州市建立一个借款平台，代表用款企业统一向中国进出口银行安徽分行借款，同时申请省担保集团提供担保，最终由借款平台贷款给企业。其中，贷款的种类主要是进出口企业生产经营所需要的流动资金贷款和项目资金贷款。通过这种方式，能够大大缓解部分进出

口企业贷款难的问题，有利于其日常的生产经营和规模扩张，对增加进出口具有一定的促进作用。

（2）不断提升政府服务效率，为外贸工作提供便利

不断提升政府服务效率，能够有效降低企业交易成本，为企业从事进出口工作提供便利。在这方面，宿州市积极落实国家相关政策，采取广泛措施，努力提高服务效率。

一是做好出口退税和金融服务。一方面，国税部门加快出口退税审批进度，确保准确及时退税，以免影响企业资金周转，对企业运营构成不利影响。市、县、区和宿州经济技术开发区、宿马现代产业园区、宿州高新技术开发区等融资平台，积极为中小进出口企业提供融资担保。另一方面，各金融机构进一步对中小进出口企业增加信贷规模，拓宽融资渠道，降低贸易融资成本。

二是提高贸易便利化水平。相关部门简化相关手续，降低企业成本，如海关、国检部门简化审批手续，降低收费标准，提高通关效率，降低企业通关成本；外汇管理部门进一步提高服务水平，积极推动进出口企业开展跨境贸易人民币结算业务等等。

三是加强对外经贸企业业务培训和跟踪服务。职能部门和有资质培训机构对各类进出口企业积极开展单证员、外销员、报关员、报检员、出口退税、外汇管理、出入境检验检疫法规等方面的业务培训，并给予资金支持。同时，积极深入开展企业包保服务、进出口促进政策宣传、重点调度等行之有效的特色服务。

四是加强对园区授权，提高行政效率。例如，从 2015 年开始，将部分市级行政权力下放给宿州经济技术开发区，具体包括部分行政审批事项和备案管理、行政确认等转变管理方式事项，同时将行政管理事项的收费权，下放给园区政务服务机构。

（3）积极建立各类平台，促进开放发展

宿州十分重视利用先进的信息技术，搭建各类信息平台，促进开放发展。2015 年 1 月，宿州市黄淮海跨境电子商务平台项目正式签约，该平台依托宿州高新区的大数据全球市场营销网络，立足本市及全省、黄淮海地区的企业，向内辐射华东、华南、西南、西北地区，向外辐射全球，为企

业开展进出口贸易提供包括全球推广、跨境电子商务、跨境支付、互联网金融服务、智能物流等在内的一体化服务，提高贸易便利化水平，促进宿州市进出口贸易稳定增长。该平台以虚拟的方式将宿州市与各个地区连接，使电子商务产业成为宿州市一个新的增长点。力争2020年实现平台累计交易额350亿元人民币、税收达到2.5亿元。

（4）发挥比较优势，外向型农业开花结果

宿州市充分利用区位优势和资源优势，积极提升现代农业外向度，既有效拉动了内需、消化了产能，也促进了农业增效和地方经济发展。自2014年以来不断加大农业国际合作力度，推进企业“走出去、请进来”战略，以建设中国酥梨、黄桃之乡、杨木板材加工示范区为抓手，加大投入建设了一批高质量的出口农产品生产基地；依靠科技进步，加快品种改良和专用品牌的培育，积极实施名牌战略，打造农产品名牌产业集群；通过建立和完善农业标准化体系，实现与国际接轨等有效措施，使该市现代农业外向度发展水平得到迅速提升。

宿州市的板材、水果、粮食等精深加工产品远销欧美、日韩、东盟、中亚、西亚、非洲等几十个国家，成为该市外贸出口的重要支柱。2016年上半年，宿州市农业产业化龙头企业出口额达1.61亿美元。其中，宿州市东大木业有限公司生产的红树湾地板和东平木业、新远大木业等8家企业生产的胶合板、实木家具、整体橱柜、衣柜，出口额达7332万美元；安特食品有限公司向俄罗斯及中亚、非洲大量出口伏特加和XO等洋酒，出口额达1000万美元；宿州科技食品有限公司等10家企业出口欧洲、亚非20多个国家的黄桃罐头，出口额达3954万美元。在“卖出去”的同时，部分农业产业化龙头企业还在俄罗斯、东盟、美国等地建设大型生产基地，将增加的产能迁移到国外。为加快国外技术资金的引进，砀山县与南非合作，由世界第二大果酒生产企业——南非迪斯特集团投资5.5亿元在砀山县建设果酒生产项目，年产15万吨果酒。宿州市现代农业与以色列农业签订了框架合作协议，积极与西班牙兰萨集团洽谈水利灌溉器械项目。

近年来，宿州市以保障农产品质量安全为目标，以强化质量监管为突破口，坚持从基础抓起、从源头控制，构建出口果蔬质量安全标准化、农业化学投入品控制、质量安全追溯等体系，农产品质量安全水平大幅提升。其中，砀山县多年实现出口农产品“零退货”“零通报”，增强了市场竞争力，出口数量呈每年递增态势。2017 年砀山县被国家认监委确认为 2017 年度国家有机产品认证示范创建区。

4. 扎实推进交通基础建设，持续拓展开放发展新通道

宿州具有明显区位优势，但是与今后发展的需要相比，交通体系依然有待完善。宿州市围绕开放发展需要，大力推进大通道建设，不断完善交通体系，打造区域性综合交通中心，为经济外向性发展奠定基础。

（1）不断强化大通道建设，积极构建综合交通运输体系，打造高品质的交通运输网和广覆盖的基础交通网

运输通道是联结不同区域的重要、便捷的一种或多种运输干线组合，它对区际运输联系起着至关重要的作用，并对其所连接或者经过的城市的区域经济联系产生重要影响。同时，通道的通畅程度、与城市经济发展的匹配情况等，都会在一定程度上对相关城市的经济发展情况产生较大影响。多地经济发展的经验表明，不断完善交通体系，大力发展现代化交通系统，强化大交通建设，是形成区域联系紧密、各产业快速发展的“大发展”局面的基础。当然，大通道建设必须要高度强调规划工作，其建设规划应该紧紧建立在对本地区和周边地区经济发展科学预测的基础上，根据未来发展的实际需要，超前地进行建设，以便实现交通引领发展而非制约经济发展。许多地方在以前规划通道建设时，按照当时看起来非常超前的规格进行了规划，结果在一段时间经济发展后，发现道路建设的规格已经不能满足需求，其原因便在于规划的过程并没有科学地预估到今后经济的快速发展。当然，在规划中，我们也要反对盲目贪大，过分超前地涉及相关通道，以免造成资源的不必要浪费。

宿州市根据未来经济发展的需求，制定了大通道建设战略。主要内容包括如下：

铁路方面，以完善网络、扩大能力、提高水平、构筑枢纽为方向，加快既有线路的提升，推进新建铁路建设，并积极谋划一批新线路。加快推进合肥—泗县—新沂高速铁路、三门峡—亳州—宿州—江苏沿海港口铁路、合肥—蚌埠—宿州—淮北和徐州—淮北—宿州—阜阳城际铁路等项目，建设铁路客货运站场，有效提高宿州对接省内、通达苏豫鲁等周边地

区的快速客运、货运能力。力争到2020年，在全市范围内形成“四纵三横”的铁路网。

公路方面，以加快高速公路网络化为目标，积极打通现有高速公路，新建并准备开工一批项目，完善宿州境内高速公路网，并加强各级公路建设。新建徐州宿州—蚌埠高速，开展宿州—阜阳等高速前期工作，有序推进连霍高速改扩建，到2020年，在全市范围内形成“四纵三横”的高速路网，进一步提升对外通行能力。同时，积极对接联通四省交界区域公路网，加强国省干线公路改造，力争国省干线公路全部达到二级以上公路标准，实现跨区域市到市、市到县、县至县、高速公路出入口等主要节点一级公路通达。

京沪高铁、陇海和宿淮、郑徐客运专线铁路，形成“两纵三横”的铁路运输网。京台、连霍、泗许、徐明、德泉高速公路，形成“三纵两横”的高速公路网。宿灵泗、宿萧砀快速通道，形成了宿州路网的大动脉

航空。积极推进宿州民航机场建设，按照4C级标准建设跑道和航站楼，力争2020年建成投入使用。加快全市通用航空布局，积极引入社会资本参与通用机场建设运营和管理，重点推进砀山、泗县、埇桥通用机场项目。

客货运站场。依托重点交通节点，规划建设一批客运中心、货运枢纽，大力发展甩挂运输、集装箱运输和多式联运，提升客货集疏运能力。加快推动县乡客运站场升级改造。

综合交通枢纽。宿州客运中心站及公交枢纽站、宿州东站综合客运枢纽、宿州市客运南站、泗县客运站、宿州市城市公交系统等项目；谋划建设宿州公铁联运综合枢纽、宿州马鞍山现代产业园区宿州市机场连接线和无水港、宿州火车站改造及站前广场等项目。

（2）依托大通道建设，继续强化现代物流业发展

物流的发展对一个地区经济具有重要作用。发达物流运输能够通过将新鲜农产品运出去，同时将先进的生产资料交给农民，而促进农业的发展；物流行业的发展，能够将各物流服务网点变成网络，进而降低运输成本，进而促进区域经济发展；现代物流技术的发展，能够促进物流业的发展，孕育新的物流业态，促进经济转型发展；物流业的发展，有利于不同地区取长补短，促进相连接地区的经济共同进步。[①] 因此，物流业尤其是现代物流业，一直是国家及各个地区极为重视的产业。

宿州市对现代物流业发展业十分重视。2014 年《宿州市关于推动交通商贸物流业发展的实施意见》，提出了一系列措施，推动物流业发展。一是做物流产业布局，拟定的全市交通商贸物流规划中首批建设宿州城东、市开发区、宿马产业园区 3 个市级交通商贸物流园区，11 个县级交通商贸物流中心等。二是建设智慧交通物流信息平台，委托安徽够快信息科技有限公司，建设“宿州市智慧交通与物流公共服务平台”，信息终端辐射到所有站点，整合资源、发布货源运力信息。三是加强与广东物流行业协会合作。筹备成立交通商贸物流协会，拟定《交通商贸物流协会章程》，组织物流企业积极参加，加深与广东物流行业协会的交流合作。2014 年 10 月宿州被列入安徽省交通运输物流试点市，物流业发展享受政策、资源等多重优惠和支持。

今后现代物流业仍然是宿州市重点扶持发展的行业，在 2015 年公布的《关于加快生长性服务业促进产业结构调整升级的意见》中，明确将现代

① 程秀媚：《物流发展对区域经济的影响研究》，《现代经济信息》2013 年第 13 期。

物流业作为重点发展的生产性服务行业，并将在资金扶持、发展环境、税收优惠、金融支持方面享受一系列优惠政策。随着大通道在未来的建设，宿州市将继续采取措施，促进现代物业做大做强，为外向型经济快速发展打好基础。

（三）宿州开放发展实践的启示与思考

1. 宿州加快开放发展面临的客观障碍

受制于经济发展模式及相关发展路径，宿州市在开放发展方面极度不均衡，这影响了宿州市利用国内国外两个市场和两个资源为经济发展的局面。同时，在国际和国内环境不断变化的影响下，部分开放发展政策较难取得预期成效。

经济发展严重依赖对内开放，而对外开放较难取得进展。由于路径依赖的原因，宿州市经济发展严重依赖于对内开放，而对外开放所起的作用则较弱。尽管宿州市认识到对外开放的发展潜力很大，如果利用好这一方面，将对未来宿州经济发展极为有利。但是，随着全球经济增长趋势放缓，及我国对外经贸合作的环境有所恶化，宿州市掘对外开放潜力、促进进出口大规模增长的目标短期内难以实现。正是基于这一担心，在宿州市“十三五”规划中，将招商引资的目标从 2015 年的每年 910 亿元提高到 2020 年的 1800 亿元，年均增长率超过了 15%，而进出口额和外商直接投资额分别从 2015 年的 7.59 亿和 6.8 亿美元提高到 2020 年的均为 9 亿美元，年均增长率分别为 2.5% 和 6%，显然后者明显低于前者。而 2016 年以来宿州市进出口开始出现大幅度滑坡，2016 年，宿州市进出口总额比上年降低了 36.7%，其中出口降低了 40.0%。显然，仅仅依靠对内开放，对宿州这样一个需要快速发展的地区是不够的。但是，对外开放程度的提升，需要诸多条件的支撑，加入 WTO 这样的战略机遇之后，已经很难再有那种短期内就能促进外贸高速提升的机遇，这就意味着宿州提升对外开放程度可能需要较长的时期，而且在发展进程中可能在增长上会有很多曲折。

依靠招商引资引进大企业核心工厂难度较大，很难依靠这一途径真正提高经济整体竞争力。虽然招商引资进程中，可以采取瞄准大企业策略，并可能促进部分大企业并部分工厂投资于本地，但是这些企业紧紧限于其非核心工厂，主要是其组装加工等技术含量相对较低的环节。作为劳动力比较富集的地区，这些投资可以充分利用本地的劳动力，从而实现双赢。但是，从长远发展来说，随着经济进入新常态，经济发展的活力越来越依靠于基于自身造血功能而产生的创新能力提升。而宿州市目前的招商引资状况，虽然也引入部分高科技企业，但是整体来说，规模小、创新能力弱的特点依然突出，这将在较大程度上影响了宿州整体竞争力的提高。

进出口的效果更依赖于国际合作的环境及国家政策，宿州市的相关政策难以单独起到作用。影响进出口的因素很多，如国际经济形势的变化将直接影响国际市场的需求情况，国际贸易合作的变动将直接影响企业出口所享受的政策变动，并对其出口产生直接而重要的作用，而国家层面的相关政策则对企业的进出口产生一系列的重要影响，作为宿州市其推进政策，其实主要便是以资金扶持为首的各种支持政策，这些微观政策对企业进出口产生一定的影响，但是比起宏观因素的变动，这种影响度要小很多。因此，在很大程度上，宿州市出台的相关促进进出口的政策，能否起到较好的效果，很大程度上还取决于不可控的宏观因素。

2. 宿州加快开放发展的路径选择

坚持把开放发展作为繁荣发展的必由之路。抢抓区域发展战略给予，依托宿州市襟连沿海、背倚中原、串联京津冀和长三角的区位交通优势，全面扩大东西双向、对内对外开放合作，努力将宿州市打造成省际交汇区域中心城市、皖北改革开放新高地、淮河生态经济带深化合作先行区。

进一步完善开放发展战略布局，主动适应对外开放新常态。坚持双向开放，促进市域内外要素有序流动、资源高效配置、市场深度融合，彻底改变只引进来，不走出去的现状，一方面引进来发展自我，另一方面支持本地企业、资本走出去参与全国全省区域合作竞争，培育本土有影响力的企业品牌，提升对外合作水平。坚持以“招大引强、招高引新、招群引链、招才引智”为向导，突出由“单纯招商”向“全方位对外开放”转变、由“单个项目招商”向“产业链招商”转变、由“片面普遍性”向“精挑细选”转变、由“重引外商”向“内外并重”转变，有针对性地调整和完善对外开放举措，优化招商引资策略。大力开展“招行引金”，设立更多法人金融机构。积极推进“徽商回归”和“凤还巢”，完善政策促进体系，鼓励海内外人士回乡投资兴业。

进一步健全开放发展体制机制，积极构建对外开放新格局。积极复制推广上海等自贸区改革试点经验，依法建立“全面报告+有限许可”的外商投资管理制度，探索开展外商投资企业属地登记管理制度改革，扩大外商投资领域，简化外资企业准入程序。主动融入国家“三大战略”，积极与“一带一路”沿海国家和地区开展经贸往来、产业投资和文化交流活动，推动建设新亚欧大陆桥经济走廊。坚持深化改革，以改革促进开放体制机制完善，建立法制化、便利化的营商环境和贸易促进体系，放宽市场准入条件，实施负面清单管理，有序扩大服务。既要在观念、体制、政策、环境等方面加大开放，又注重在生产实体方面开放，加快宿州从封闭半封闭向全方位开放的历史性转变。进一步健全工业领域、城乡建设领域、文化旅游领域、农业领域、社会事业领域和区域金融服务等开放合作体制机制，实现各方主体合作中权利平等、机会平等、规则平等，推动包容性发展理念在宿州落地生根，让外企顺利走进来，让本地企业放心走出去，加快构建全面对开放新格局。

进一步探索开放发展有力举措，努力扩大对外开放新成效。坚持互利共赢原则，摒弃零和游戏、你输我赢的旧思维，树立双赢、共赢的新理念，务实探索创新开放发展有效举措。在追求自身利益时兼顾他方利益，在寻求自身发展中促进共同发展。全面参与淮河生态经济带建设，强化与沿淮城市基础设施对接。推进淮海经济区核心区一体化建设，强化核心区城市互联互通。推进萧县张江高科园区合作共建，协同推进明清黄河故道综合治理，深化宿马园区、泗涂现代产业园建设。在深度谋划项目和对接项目的同时，抓好项目落地服务工作；在建设园区中突出载体功能，搭建生产性开放服务平台，充分体现资本市场要素保障；在对外开放中搞好软环境建设，突出政务服务、法制保障和人才支撑功能，增强宿州开放发展竞争优势，努力扩大对外开放新成效。

进一步创新产业承接新模式，提升开放发展新水平。新一轮产业转移呈现出规模大、集群化、速度快、动力强的显著特点，具有自身驱动和外部拉动的双重转移动力，我们在承接中必须改变过去“捡到篮子都是菜”的无序式分散承接，结合自身优势，整体链式承接产业转移，坚持在转移中实现产业转型升级，促进产业集群发展。一是坚持集群承接。选择一批符合自身特点、转移规模大、带动能力强、市场空间广的产业作为承接重点，积极抢占承接产业转移的制高点，实现上下游产业和左右延伸配套产业的集群转移。二是强化龙头带动。坚持招大引强，重点引进在全球产业链、价值链处于中高端的产业，重点引进牵动力大、带动力强的大项目、大企业，实现引进一个龙头、带动一批企业、集聚一个产业。三是促进集聚发展。注重围绕主导产业，加快承接境外和沿海发达地区产业转移，推进纵向上下游衔接、横向多元化发展，延伸产业链条，形成产业集群，增强产业的整体竞争力和影响力。

五、推进共享，增进人民群众获得感

习近平总书记在党的十九大报告中指出，我国社会主要矛盾已经转化为人民日益增长的美好生活需要和不平衡不充分的发展之间的矛盾。中国特色社会主义进入新时代，必须坚定不移贯彻创新、协调、绿色、开放、共享的发展理念。安徽省委强调，要树立以人民为中心的发展思想，多谋民生之利，多办民生之事，多解民生之忧。实施“五大发展行动”，积极践行新发展理念，贯彻落实省第十次党代会精神，把共享发展的理念落实到行动上。宿州市委要求，站稳人民立场，践行共享理念，让全市人民共享改革发展成果。发展的最根本目的是为了人民，如果人民群众在经济发展的成果面前，缺少获得感、缺少共享感、缺少公平感，这样的发展也不是我们想要的发展。党的十八大以来，宿州市积极践行共享发展理念，坚定思想行动自觉，牢固树立目标导向、问题导向、民本导向，处理好“快赶”和“好转”、“老课”和“新篇”、“多享”和“分享”的关系，坚持做大“蛋糕”和分好“蛋糕”一起抓，大力发展民生 GDP、幸福 GDP，推进基本公共服务均等化，健全完善社会保障制度，坚决打赢脱贫攻坚战，特别是要抓住惠民实事这一有效载体，一年接着一年干，一件接着一件抓，让改革发展成果更多更公平地惠及人民群众，全力实现全民共享、全面共享、共建共享、渐进共享，发展总量、质量、均量“三量”齐升，城市知名度、美誉度、参与度“三度”齐升和群众幸福感、获得感、归属感“三感”齐升，让人民群众共享改革开放发展的“美好时光”。

（一）深刻认识共享发展理念的内涵、意义与要求

全市各级各部门认真学习领会、深刻把握共享发展理念的价值和内涵，为共享发展在宿州大地的伟大实践，提供了思想基础。

1. 正确认识共享发展理念的价值内涵

共享发展是社会主义的本质要求这一重要论述的正确认识，首先需要基于民族文化传统与社会主义原则的统一。一方面，文化传统是理解中国发展道路基本理念一个必不可少的视角和资源。中华民族是一个有着鲜明而独特的文化传统的伟大民族，“不患寡而患不均”的文化传统持续而强劲地扎根于一代又一代中国人的心中。在中国现代化道路探索中，不应把这一文化传统理解为纯粹的消极性的因素，更应将这一观念作为一个积极的因素置于中国现代化的历史进程之中。在一定意义上，共享发展理念正是这一文化传统的时代表达。另一方面，独特的国情和独特的文化传统与现代化历史任务相联系，决定了“中国的发展根本不可能完全进入到西方—资本主义文明中去”①，正是这种不可能性塑造出中国独特的现代化道路的可能性和社会主义道路选择的历史必然性。这条道路“意味着它在现实的历史中领会到现代资本主义本身的历史限度”。由此，共同富裕的观念在今天之所以保持这强大生命力，不仅在于中华民族文化传统的延续，更在于社会主义实践的赋予，两者统一构筑了强大而深厚的思想基础。

对共享发展是社会主义的本质要求这一重要论述的正确认识，还需要从理论上厘清社会主义现代化与资本主义现代化的本质区别。社会主义现代化与资本主义现代化的划分，既不是无聊的文字游戏，也不是抽象的理论区分。与资本主义现代化比较，社会主义现代化的特殊性并不在于是不是注重发展生产力，而在于是不是以牺牲人的全面发展为代价来发展生产力。中国既然选择社会主义现代化为奋斗目标，那么这一过程就绝不是向“人对物的依赖关系的转化”，而是从确立社会主义现代化目标起就必须明

① 吴晓明：《当代中国的精神建设及其思想资源》，《中国社会科学》2012 年第 5 期。

确实现每个人自由而全面发展的历史任务，发展的客体尺度和价值尺度必须在实践中有效地统一起来。这就决定了，在实现方式上，一方面要能够有效缩短和减轻人与自然之间、人与人之间的关系的扭曲，以及资本主义现代化过程中出现的各种社会公害；另一方面，在现代化的各个阶段，每一个社会成员都能在不同程度上享受到现代化所带来的文明成果，而不以牺牲部分社会阶层的当下和长远利益为前提。

2. 准确把握共享发展理念的科学内涵

共享理念实质就是坚持以人民为中心的发展思想。着力践行以人民为中心的发展思想，是党的十八届五中全会首次提出来的，体现了我们党全心全意为人民服务的根本宗旨，体现了人民是推动发展的根本力量的唯物史观。

共享发展是一个语义丰富的理念，赋予了发展以崭新的内涵。习近平总书记从四个方面阐发了共享发展理念的基本内涵。一共享是全民共享。这是就共享的覆盖面而言的。共享发展是人人享有、各得其所，不是少数人共享、一部分人共享。二共享是全面共享。这是就共享的内容而言的。共享发展就要共享国家经济、政治、文化、社会、生态各方面建设成果，全面保障人民在各方面的合法权益。三共享是共建共享。这是就共享的实现途径而言的。共建才能共享，共建的过程也是共享的过程。要充分发扬民主，广泛汇聚民智，最大激发民力，形成人人参与、人人尽力、人人都有成就感的生动局面。四共享是渐进共享。这是就共享发展的推进进程而言的。一口吃不成胖子，共享发展必将有一个从低级到高级、从不均衡到均衡的过程，即使达到很高的水平也会有差别。我们要立足国情、立足经济社会发展水平来思考设计共享政策，既不裹足不前、铢施两较、该花的钱也不花，也不好高骛远、寅吃卯粮、口惠而实不至。这四个方面是相互贯通的，要整体理解和把握。

具体而言，一方面，发展是亿万人民群众自己的事业，作为认识主体、实践主体和价值主体的人民群众是发展的主体力量。对于马克思主义执政党而言，发展必须紧紧依靠人民。另一方面，发展主体和发展目的的一致性是社会主义的本质要求，人民群众不仅是发展的主体力量也应是享有发展成果的主体力量，全体人民的共同富裕是发展的目的和方向所在。对于马克思主义执政党而言，发展必须始终坚持为了人民，发展成果必须由人民共享。共享发展理念不是一个抽象的、超历史的概念，这一理念的实践是一个具体的、历史的过程。仅仅占领道义制高点是不够的，共享发展的实现不仅要遵循社会主义的原则，也不能脱离中国的现实国情和特殊条件，需要基于条件与要求的统一。“十三五”规划纲要明确提出：“按照人人参与、人人尽力、人人享有的要求，坚守底线、突出重点、完善制度、引导预期，注重机会公平，保障基本民生，实现全体人民共同迈入全面小康社会。”这一实践方针体现了理想性与现实性的统一。

3. 深刻领会共享发展理念的实践要求

共享发展理念与改革开放以来我们党始终坚持的共同富裕目标高度一致，充分反映了以习近平同志为核心的党中央对社会主义原则的坚持。党的十九大报告指出，“中国共产党人的初心和使命，就是为中国人民谋幸福，为中华民族谋复兴。这个初心和使命是激励中国共产党人不断前进的根本动力。全党同志一定要永远与人民同呼吸、共命运、心连心，永远把人民对美好生活的向往作为奋斗目标，以永不懈怠的精神状态和一往无前的姿态，继续朝着实现中华民族伟大复兴的宏伟目标奋勇前进”。坚持共享发展，必须坚持发展为了人民、发展依靠人民、发展成果由人民共享，作出更有效的制度安排，使全体人民在共建共享发展中有更多获得感，增强发展动力，增进人民团结，朝着共同富裕方向稳步前进。这一重要论述不仅明确了共享发展这一崭新的发展理念的基本内涵，更为重要地明确了共享发展理念的实践要求。

就基础性要求而言，共享理念体现的是逐步实现共同富裕的实践目标。习近平总书记指出：“广大人民群众共享改革发展成果，是社会主义的本质要求，是我们党坚持全心全意为人民服务根本宗旨的重要体现。我们追求的发展是造福人民的发展，我们追求的富裕是全体人民共同富裕。改革发展搞得成功不成功，最终的判断标准是人民是不是共同享受到了改革发展成果。”落实共享发展理念，“十三五”时期的任务和措施有很多，归结起来就是两个层面：一是充分调动人民群众的积极性、主动性、创造性，举全民之力推进中国特色社会主义事业，不断把“蛋糕”做大；二是把不断做大的“蛋糕”分好，让社会主义制度的优越性得到更充分体现，让人民群众有更多获得感。要扩大中等收入阶层，逐步形成橄榄型分配格局，特别要加大对困难群众的帮扶力度，坚决打赢农村贫困人口脱贫攻坚战。

（二）共享发展的宿州实践

近年来宿州市贯彻落实共享发展理念，以共建共享为核心，持续实施民生工程，兜住民生底线，扩大公共服务供给，促进基础设施和基本公共服务均等化，提高社会发展和社会保障水平，群众获得感持续增强，幸福宿州取得明显成效。

1. 加大脱贫攻坚力度，坚决打赢脱贫攻坚战

宿州地处皖北集中连片特困地区，所辖砀山县、萧县、灵璧县、泗县均为国家级贫困县，埇桥区为省级贫困区，是我省脱贫攻坚任务较重的五个市之一。2017 年，我市脱贫攻坚工作在省级考核中综合评价为“好”，在 16 个地市中排名第二；泗县、砀山县、萧县、埇桥区综合评价均为“好”，灵璧县综合评价为“较好”，实现“全市上台阶、县区上层次”目标。2018 年，我市已经申报“三县一区”脱贫摘帽，打好脱贫攻坚的“淮海战役”。

（1）明确制定脱贫攻坚方略

为做到小康路上“一个不能少”“一个不掉队”。2018 年春节后第一个工作日，宿州市召开了全市脱贫攻坚万人大会，进一步明确了“1234+N”的工作思路，落实“1 个收入标准”，实现“吃、穿 2 个不愁”，强化“住房、教育、医疗 3 个保障”，推进“水、电、路、网 4 个全覆盖”，抓好“双基”建设、产业扶贫、乡风文明、“三大革命”、扫黑除恶、作风建设等重点任务，确保实现 115 个贫困村出列、9. 19 万贫困人口脱贫，砀山、灵璧、泗县、埇桥顺利摘帽，萧县达到模拟脱贫标准。

（2）找准致贫原因，扎实推进十大工程建设

坚持因地制宜、因户施策、精准发力，截至目前，全市建成扶贫工厂 261 个，培育特色种养业贫困村 283 个，完成省下达任务的 127%。投放小

宿州市委农村工作暨全市脱贫攻坚大会

在全国农村电子商务精准扶贫经验交流会和全省“重精准、补短板、促攻坚”专项整改行动推进会上，我市砀山县分别作了电商扶贫经验介绍

额贷款 24.74 亿元，完成省下达任务的 211%。新建村级电商服务站点（平台）495 个，四县一区 5 个县级电商服务中心全部建设完成。建成村级光伏电站 93 个、户用光伏电站 2.05 万户，全市 2 各县 11 处易地扶贫搬迁安置点的安置房全部建设完毕，年底前完成 2276 人易地扶贫搬迁任务。实施农村道路畅通工程 2263.8 公里，占省下达任务的 150%；完成 3.9 万建档立卡贫困户危房改造，完成年度任务的 361%（我市 3 年任务 1 年完成）。在全省率先出台综合医疗保障政策、率先全面实施“一站式”便民即时结算、率先兑现慢性病“190”补充医疗保障【我市健康脱贫做法，得到了人民日报、央视新闻联播等主流媒体的集中宣传报道，在全国健康扶贫现场推进会上（成都）作了经验介绍;，全省健康脱贫工作现场推进会在我市召开】。全年资助各类建档立卡学生 57258 人，发放资助金 7592.24 万元，实现了教育资助全覆盖。认定就业扶贫基地 334 家，全市经帮扶实现就业 7040 人，完成省下达任务的 162.4%。建立低保标准量化调整机制，将今年农村低保标准提高到 3800 元/人，实现扶贫线、低保线“两线合一”。

工人正在灵璧县灵城镇山桥村
“扶贫工厂”内加工服装

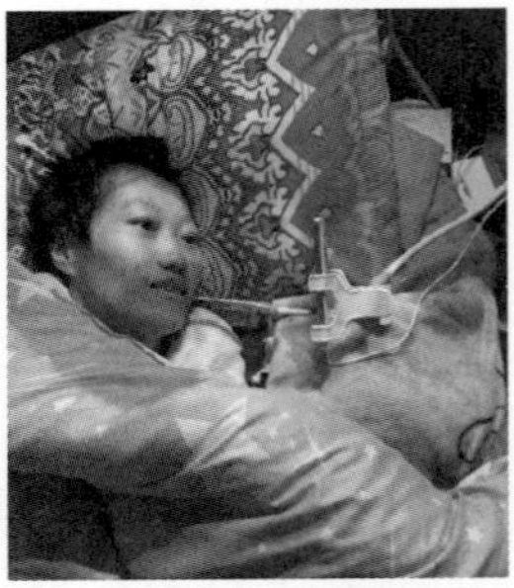

砀山县唐寨镇唐寨村
电商女孩、全国脱贫攻坚
“奋进奖”获得者李娟

（3）着眼夯基固本，突出“四个重点”，实现精准脱贫

一是加强基础设施建设。整合各类资源、集中全市力量，加快推进“农村道路、小型农田水利和人畜安全饮水、农村电网改造、信息化建设”等基础设施整体提升，着力解决交通建设项目到组入户，水利工程项目向贫困村倾斜，全面补齐基础设施这个短板，不断夯实贫困地区的区域发展基础。二是加强基本公共服务。按照主要发展目标，逐一梳理，认真对标，全面落实易地扶贫搬迁、危房改造、教育、医疗健康、就业、社保兜底等政策，着力提升就业、教育、医疗、文化、住房等农村基本公共服务保障供给水平，实现所有群众供销基本公共服务。三是建强基层战斗堡垒。宿州市结合自身实际，对各县区分别配备了 1 名扶贫工作挂职专职副书记。出台了《关于做好自然村扶贫小组长配备管理工作的意见》，为每个自然村又选配 1 名扶贫小组长。针对全市 75.68% 贫困人口分布在非贫困村的现状，出台了《关于进一步加强非贫困村驻村帮扶干部工作的意见》，向每个非贫困村派驻了扶贫工作队员。同时，宿州市把基层组织标准化建设作为“龙头工程”，出台了《关于进一步加强村级党组织建设的十三条意见》，先后开展了软弱涣散村党组织整顿，实施整治财务混乱、脱贫攻坚问题排查、消除信访积案、打击“村霸”恶势力等四个专项行动，进一步增强了基层党组织的凝聚力和公信力。四是抓好集体增收和群众增收。从贫困村集体经济收入和贫困户增收方面狠下功夫，大力发展

“四带一自”产业发展模式，真正做到让每个贫困村至少有1~2个主导产业，并对村内贫困户的带动实现全覆盖；继续实施“雨露计划”，确保每个贫困家庭劳动力至少掌握一门知识技能，力争“培训一人，脱贫一户，带动一片”，做到每户贫困户都有一个稳定的收入来源，实现贫困地区农民人均可支配收入政府高于全省平均水平。

（4）压实工作责任，创新“三个机制”，形成扶贫合力

一是完善考核奖惩机制。印发《宿州市全面落实脱贫攻坚责任制实施细则（试行）》，充分发挥考核的导向作用，各县区党委、政府进一步增强打赢脱贫攻坚战的责任感和紧迫感，把责任扛在肩上，把脱贫攻坚摆在更加突出的位置，确保如期打赢脱贫攻坚战。出台《宿州市关于建立扶贫对象退出机制的实施意见》，以脱贫实效为依据，以群众认可为标准，坚持实事求是、分级负责、规范操作、正向激励的原则，建立严格、规范、透明的扶贫对象退出机制，确保到2020年，全市贫困人口、贫困村、贫困县区有序退出，如期实现脱贫攻坚目标。二是强化定点帮扶机制。建立健全扶贫工作层级管理体系，实行主要领导亲自抓、市级领导分片联系县区制度，形成了每个县区1名挂职扶贫专职副书记，每个未出列贫困村由县处级干部担任驻村工作队长，每个非贫困村派驻扶贫工作队员，每个自然村选配1名扶贫小组长的脱贫攻坚工作体系。选配扶贫小组长的做法得到国务院扶贫办的充分肯定。按照“工作到村、

宿州市委、市政府分别与各县区委、县区政府签订脱贫攻坚目标责任书

扶贫到户、责任到人、措施到位”的原则，实行“定人定责，不脱贫、不脱钩”结对帮扶，每个贫困村和贫困户分别确定一个定点帮扶单位和帮扶责任人，开展万名干部大包保活动，科级以上干部包5户，其他干部包3~5户，实现每个贫困户都有帮扶责任人。加强基层扶贫队伍建设，乡镇设立扶贫工作站，明确专职人员5~8人；行政村配备年龄轻、有文化、懂电脑的扶贫专干1~2名。建设精准扶贫大数据平台和移动纪实系统，实现了对帮扶单位、驻村工作队、帮扶干部工作的精细化管理。强化帮扶工作，县域结对有序推进，全省县域结对帮扶推进脱贫攻坚工作现场会在我市泗县召开。三是改革财政专项扶贫资金管理机制。出台《财政专项扶贫资金管理实施办法》，明确市和县区财政专项扶贫资金由同级财政列入年度预算，并根据扶贫工作需要和财力情况逐年增加投入规模。建立财政专项扶贫资金稳定增长机制，目前全市已整合扶贫和相关涉农资金10亿元，分配上向贫困村倾斜，做到项目资金到村到户。出台《扶贫项目管理办法》，对扶持对象的确定以及项目的立项条件、前期准备、申报、实施、验收、后续管理、奖罚措施等进行详细规定，提高财政专项扶贫资金使用效益和扶贫项目的管理水平。

宿州市扶贫剧《春风化雨》首演

2. 小超市、大民生，搭建为民服务新平台

在人口结构复杂、利益诉求多元化的新形势下，如何让更多市民群众享受到更高效优质的便民服务，从而有效调动不同社会主体参与城市管理，是新形势下城市管理工作面临的一个重要课题。特别是像宿州市这样建市较晚，基础设施建设相对薄弱，城市化水平比较低的城市，破解城市治理难题，提高城市治理能力现代化就成为迫切需要和当务之急。近年来，宿州市创新服务方式，建立了“宿州城管服务超市”，荣获全国创新社会治理十佳典型案例。宿州市城市管理局通过“宿州城管服务超市”的建设运行，切实解决群众最关心、最直接、最现实的问题，打通了服务老百姓的最后“一公里”，市民群众的获得感、幸福感显著增强，使城市成为市民群众美好生活的有力依托。宿州市的主要做法是：

（1）转职能，管得“宽”

在服务范围上，秉承“小超市、大民生”理念，宿州市城市管理局在“大城管”体制的基础上，积极拓宽“城管服务超市”服务范围，积极为群众提供全方位服务。包括市容环卫、园林绿化、市政设施、河道广场、环境保护、城市供水、供气、供暖、污水处理等相关问题诉求与咨询，宿州红十字会应急服务、应急救援等服务项目。“宿州城管服务超市”亭和

“宿州城管服务超市”流动工作室均备有打气筒、针线包、速效救心丸、创可贴等常用物品，随时提供市民无偿取用。“超市”还可以通过系统平台，随时将市民相关诉求接收反映到相关部门解决。在服务载体上，积极推动多种形式的服务载体建设。一是虚拟超市。开发了“宿州城管服务超市”系统及微信公众号，整合“12319”城管服务热线、“市民通”、“局长信箱”、微博、微信平台等沟通渠道，畅通市民诉求渠道；二是定点超市。在人员流动较为密集的区域设立 15 处“宿州城管服务超市”亭和 5 座园林服务超市，与服务超市总平台互联互通；三是流动超市。在市区主要路段设立了 4 个流动“宿州城管服务超市”工作室，让群众就近享受到贴心服务。在服务对象上，包括城市居民、商业门店、企事业单位、外来客商、各类摊点经营户等各类不同的城市群体，只要有诉求，只要一个电话、一个点击，“宿州城管服务超市”应急管理服务体系就会立即启动为您服务。

（2）转方式，管得“活”

“宿州城管服务超市”作为新型服务平台，从机制和流程上理顺了城市管理服务体制，构建了服务群众的大平台、大机制，实现了工作作风的自我革新，建立了“零距离服务互动机制”。第一，工作流程再造，管理模式先进。按照“找得到人、解得了难、办得好事、交得上心”的思路，“既要办得了，也要办得快，更要办得好”的要求，宿州城管服务超市实行“多个渠道接水、一个池子蓄水、多个口子放水”运行模式。“多个渠道接水”，就是通过多种渠道受理群众诉求；“一个池子蓄水”，就是将市民诉求全部汇集“城管服务超市”中来，由指挥中心统一指挥、派发、考核；“多个口子放水”，就是按照职能划分，由各职能部门限时办结。这一模式彻底改变了以往市民诉求不知找哪个部门和如何诉求的问题，同时解决了各部门在处理市民诉求问题上各自为政、难以量化评估的情况，提高了服务效率和群众满意率。第二，处理程序简化，管理方法科学。“宿州城管服务超市”总平台及时受理市民的各类诉求，在第一时间内通过网络向职能部门进行派发，各职能单位必须在规定时限内进行处置，并上报结果，处理情况由网格员进行核查上报总平台，总平台向诉求群众进行办理情况反馈，并通过“城管服务超市”系统记录群众满意度，既体现了快捷化，又提升了群众在案件处理结果评价上的话语权，办的好与不好，群众说了算。第三，责任权责明晰，处理机制高效。实行一个窗口对外，一个平台管理、一个平台考核，大幅提高了办结率。对于即办件，实施现场办理，不再经过多部门流转，处理环节大幅简化；对涉及其他部门的群众诉求件，由监督指挥中心（城管委办公室）进行派单处理；对于无法界定职能单位的群众诉求件，由群众治理议事委员会统筹协商办理；对重大难点诉求通过现场办公、部门联办等形式加快办结速度。

城管服务超市

（3）转作风，管得“实”

“宿州市城管服务超市”将提升处理群众诉求效能作为转作风塑形象的有力抓手，全力打造“四心”服务品牌。第一，贴心服务，察民情。围绕精细管理服务目标要求，制定超市服务目录、服务标准，实施了群众诉求处理标准，包括受理各类群众诉求流程、时效标准，各类精细管理及作业标准，并细化量化为具体指标，形成标准体系，作为指导和评价服务的标尺。群众可以通过“宿州城管服务超市”微信平台直接反映自身诉求、提出意见建议；查阅办事指南、了解最新城管工作动态；了解城市管理政策法规、咨询管理标准、寻求各类帮助。市城管局以市民诉求为导向，定期对群众诉求进行归类梳理、研究分析，查找工作薄弱点，举一反三，通过解决群众诉求推动一类问题的解决。如，通过分析群众诉求，针对群众反映较为突出的“出行难”“入厕难”“水压低”“夜市排档扰民”等问题，截至目前，建成公共自行车服务站点 173 个，投入自行车 5500 辆，建成便民专业市场及疏导点 10 个，新建高档公厕 17 座、垃圾中转站 6 座，改造供水管网 22 公里，建成 6 个街头公园、绿道 47.7 公里。第二，真心服务，顺民心。为杜绝服务中存在的“懒、慢、推、假、冷、脏”现象，让“宿州城管服务超市”真正深入人心，接上地气，各职能单位对群众诉求办理结果由“宿州城管服务超市”软件系统平台进行自动统计，定期进行情况通报，实施挂牌落实、后进约谈等制度，每月按照评分考核情况进行奖惩，结果纳入部门年度考核。层层传递压力，“倒逼”各职能部门在处理群众诉求问题和管理上，不懈怠、不放松、不止步，形成“后台围着平台转，平台围着群众转”的工作氛围。第三，诚心服务，应民意。对各职能单位诉求办理情况，平台主动接受群众即时评价，系统自动按照群众满意率情况对职能部门进行排名，并通过媒体对外公开，接受群众监督、评判。在内部管理上，制定实施了《宿州城管服务超市工作人员行为规范》，从服饰标牌、仪表行为、服务用语、迎送礼仪、办公秩序等方面对平台人员进行全面规范。对每一个办件必须通过回访服务对象，了解群众对诉求处置的满意度，及时总结不足，研究整改对策，提升服务水平。第四，热心服务，解民忧。为提高应急处置能力和及时办结处置效率，各职能单位组建了“宿州城管服务超市”应急服务队伍。在这 12 支应急服务队伍中涌现出了一批感人故事，如供水应急服务维修人员张学勤在为群众抢修供水管道工作中，寒冬腊月，赤膊上阵。这一热心为民的举动感动了群众，也引起了网络媒体和省市媒体的关注，“赤膊哥”张学勤被评为“宿州好人”“安徽好人”等荣誉称号，并成为中央宣传部、中央文明办主办的“中国好人榜”候选人。

“宿州城管服务超市”运行以来，共受理群众各类诉求 27934 件，办结 27770 件，办结率 99.4%，取得了显著的阶段性成效，受到了广大人民群众的一致赞誉和社会舆论的高度评价，成为彰显软实力的宿州品牌。截至目前，住建部相关领导，江苏、山东、河南、湖北等 7 省 17 个城市先后前来考察或学习观摩。安徽省城市管理工作现场会在宿州召开，与会代表分批前往城管服务超市观摩。城管服务超市的经验做法先后被人民网、新华网、凤凰网、中国文明网、安徽法制网、中安在线、《安徽日报》、安徽广播电台等媒体报道。

3. 选用现代乡贤，创新乡村治理

近年来，宿州市泗县重视发挥现代乡贤在乡村社会治理中的独特优势和矛盾调解、民情联络、文明宣传、干部监督等方面重要作用，积极探索完善现代乡村治理模式。今年初，在总结试点经验基础上，成立乡贤志愿者工作站，制定章程制度，按照“群众推荐、个人申请、支部审查、集体研究、动态管理”方式，在全县 171 个行政村选用 1056 名有能力有声望，热心公共事务得到群众公认的老党员、老干部、老族长、老教师等现代乡贤，由村“两委”颁发聘书、乡镇集中培训，义务为群众服务。活动开展以来，乡贤志愿者和社会体系有机融合，有力促进乡村社会和谐稳定与社会主义核心价值观落地扎根，完善了乡村基层现代治理体系。

（1）有效发挥乡贤化解内部矛盾、促进乡村和谐作用

泗县在发挥行政调解和司法调解作用基础上，把家庭矛盾、邻里矛盾和干群矛盾等三类矛盾调解纳入志愿者工作站的重要内容，通过乡贤志愿者邀请当事人亲属邻居旁听，听取当事人充分陈述，讲解有关法律法规和乡村风俗，引导双方在平等协商、互谅互让中弥合分歧、化解矛盾，实现了有矛盾早察觉、早调解、必回访，在维护乡村和谐稳定中发挥了不可或缺的作用。在家庭矛盾调解方面，建立乡贤志愿者工作台账和调解月回访制度，梳理农村财产继承、老人赡养、夫妻关系等家庭矛盾，从传统“老理”出发，从家庭亲情入手，凭借长辈身份和道德威望，用百姓的“法”解百姓的“事”，减少了社会不安定因素。在邻里矛盾调处方面，凭借乡贤志愿者的公道、声望和阅历，采取“三步调节法”，明之以法、晓之以理、动之以情，今年以来成功协调宅基地修建、土地确权等邻里纠纷 190

余起，避免了小口角引发大问题、小矛盾演变成大冲突。在干群矛盾化解方面，通过乡贤志愿者宣传农村土地管理、计划生育、农村低保、大病救助、秸秆禁烧等政策法规，反映村民需求，架起一座干群沟通连接的桥梁，有利于理顺群众情绪，帮助村干部把工作做得更实。全县乡贤工作站累矛盾纠纷调解成功率和群众满意率达95%以上，基本实现小事不出村、大事不出乡镇、矛盾不上交目标。

泗县屏山镇彭鲍村张长生（右）和刘金华（中）
为群众解决问题后，听取反馈意见

（2）有效发挥乡贤联络民情民意、反映民生诉求作用

在完善村民自治、民主决策机制的基础上，健全乡村居民利益表达机制，搭建乡贤志愿者碰头会和民情分析会平台，通过乡贤志愿者走村入户、拉家常等形式，了解群众对乡村重点工作的意见看法，在每月一次的乡贤碰头分析会上，集中梳理分析，形成解决方案，为村“两委”民主决策提供参考借鉴。比如，针对泗县国家级贫困县实际，组织千名乡贤走访5000多户贫困群众，就开展精准扶贫，落实大病救助、新农合、农村低保等征集建议100多条，纳入县委县政府“就业、创业、兜底”三大工程，形成“提前两年脱贫，同步达到小康”扶贫开发目标。为改变农村基础设施滞后面貌，乡镇政府和村“两委”定期就群众反映强烈的道路桥梁损坏、水利设施缺失、路灯绿化管护不到位、饮用水质不达标等问题问计乡贤。

（3）有效发挥乡贤以身示范引领、倡导文明新风作用

泗县结合美好乡村建设、“三线三边”环境整治和文明创建等载体，引导乡贤志愿者开展“五劝导”“三监督”“三关爱”等活动，抵制不良风俗习惯，弘扬乡贤文化“见贤思齐、崇德向善”正能量，提升了乡村文明水平。“五劝导”是组织乡贤志愿者对农村随意乱丢乱倒垃圾、随意排放污水、随意占用乡村公路、随处乱扔杂物、随地大小便等不文明行为开展劝导。如，瓦坊乡王集街通过72岁的乡贤魏礼明挨家挨户进行劝导，并率先开展义务大扫除，引领许多乡亲纷纷加入“三线三边”环境整治，不到一周时间就实现大变样。“三监督”是针对聚众赌博、封建迷信、婚丧嫁娶大操大办、低俗表演、信仰邪教等五大陈规陋习，组织乡贤志愿者监督乡村干部发挥示范引领作用，监督乡村党员发挥先锋模范作用，监督亲戚族人远离陈规陋习，促进乡风文明健康发展。如，在大杨乡小丁村乡贤万家珍组织影响下，许多老人学起了泗州戏，农闲时刻聚众赌博不见了，取而代之的是唱戏、打乒乓球、下象棋等文明健康的娱乐活动。“三关爱”是针对泗县乡村3.1万留守儿童，不定期组织乡贤志愿者开展走访，关爱留守儿童心理健康、生命安全、思想品德。2015年在乡贤志愿者示范带领下，全县共组织“三线三边”农村环境卫生大扫除323村次，举办乡贤讲座46场，帮扶特困儿童121名，乡村公序良俗构建形成，文明习气蔚然成风。

（4）有效发挥乡贤参与民主监督、促进公正公平作用

泗县着眼提升服务效能，扩大乡贤参与权、保障乡贤知情权、落实乡

贤保障权，以乡镇政府定期组织乡贤志愿者召开座谈会、开展民主测评等形式，对乡村干部民主决策、依法办事、廉洁自律、工作作风等情况进行监督，形成乡贤督效能新机制。在推动重大决策公开方面，村“两委”邀请乡贤志愿者参与讨论涉及村庄经济社会发展的重要决策，反映村民利益诉求，提出意见建议，促进决策公正公平。刘圩镇秦场村的群众开玩笑说，老王（乡贤王振龄）就像“纪委书记”，代表俺们监督村干部，维护俺们的权益。在规范村级财务管理方面，全县各行政村都至少选出 1 名乡贤志愿者参与村级财务监督，定期查验工程、审核财务，保障乡贤志愿者对美好乡村、农田水利、救济扶贫、惠农补助等资金使用的知情权。今年以来，全县乡贤志愿者针对村级财务管理提出 470 多条合理化建议，提高了村级财务透明度。在促进干部效能建设方面，把乡村干部工作的评判权交给群众，让乡贤志愿者对干部效能建设情况进行监督和评判，全县 15 个乡镇组织乡贤志愿者对乡镇领导班子、村“两委”班子、乡镇直属单位干部的工作作风、服务质量、依法行政、廉洁自律等方面进行监督测评，并及时向县、乡镇效能办反馈结果，“乡贤给干部当上裁判，干部给群众服务更上心了”。

4. 确立共享发展的新目标

十三五期间，宿州将以共建共享为核心，从增加公共服务供给、实施脱贫攻坚工程、提高教育质量、促进就业创业、缩小收入差距、建立更加公平更可持续的社会保障制度和推进健康中国建设等八个方面对实现共享发展作出了一系列战略部署，持续实施民生工程，兜住民生底线，扩大公共服务供给，促进基本公共服务均等化，提高社会发展和社会保障水平，实现全体居民共同迈入小康社会。

（1）打赢脱贫攻坚战

按照“四个切实”“六个精准”“五个一批”要求，实施精准扶贫，精准脱贫。坚持分类施策，落实就业创业基本技能培训、生态保护扶贫、兜底性保障和医疗救助保障等政策。实施专项和行业扶贫。强化“四基一产”、实施“四大工程”。持续推动整村推进、“雨露计划”、产业扶贫、光伏扶贫、电商扶贫、乡村旅游扶贫等专项扶贫载体建设，发挥行业管理部门扶贫作用。加强金融扶贫，加大财政扶贫投入，不断增加扶贫资金投放渠道和规模。支持培育多元社会扶贫。加强贫困村基础设施建设，切实解决饮水、出行、住房、通电、网络、教育、医疗等问题。对开发矿产资源等占用集体土地的，试行给原住居民集体股权方式进行补偿，探索对贫困人口实行资产收益扶持制度。健全扶贫机制。建立市县乡村脱贫工作责任制，落实县级脱贫工作责任考核。完善“单位包村、干部包户”制度。健全扶贫动态管理机制，完善扶贫信息管理系统。以县级为平台，加强扶贫资金整合。

（2）加快发展教育事业

一是实施第二个学前教育3年行动计划，健全学前教育办园标准，加快发展普惠性学前教育，重点发展农村学前教育、公办幼儿园和普惠型民办幼儿园，建立政府主导、社会参与、公办民办并重的办园体制。力争到2020年，城镇每3万常住人口建设1所公办幼儿园，学前3年毛入园率达到90%。促进义务教育均衡发展，合理配置城乡义务教育资源，改善义务教育薄弱学校办学条件，推进公办学校标准化建设，确保各县区通过国家义务教育均衡发展认定。推动普通高中多样化特色发展，促进办学体制多元化，扩大优质高中资源。保障进城务工人员随迁子女、农村留守儿童、残疾人士等困难人群平等享受义务教育的权利，公办学校普遍对随迁子女开放。建立健全中小学教师“无校籍”管理和“省考县管校聘”制度，以县域内师资平衡为重点，推进教师定期交流，解决择校难题，促进教育公平。加强教师队伍建设，提升教师队伍整体素质，提升乡村教师地位待遇。规范中小学办学行为、减轻中小学课业负担。解决城镇中小学大额班问题。完善资助方式，实现家庭经济困难学生义务教育资助全覆盖。逐步分类推进中等职业教育免除学杂费，率先从建档立卡的家庭经济困难学生实施普通高中免除学杂费。二是大力发展职业教育。整合职业教育和技工教育资源，优化院校布局和专业设置，加快建设市、县、区职教中心，提升职业教育办学条件。改革职业教育培养模式，促进产教融合、工学结合、校企合作。加强职教基础能力建设和教师队伍建设，积极推动职业教育与高等学历教育融合互促发展。三是积极发展其他教育。面向全市经济社会发展重点领域，积极发展成人教育，统筹学历、非学历的继续教育，办好城乡社区教育和老年教育，提高特殊教育办学质量，更好满足人民群众日益增长的多样化教育需求。推动教育信息化，发展远程教育，逐步构建终身教育体系和学习型社会。四是支持在宿高校建设。支持宿州学院、宿州职业技术学院、皖北卫生职业学院改善办学条件，引导社会力量多元化投入，加强产学研合作，提升综合办学实力。

（3）扩大就业，提高居民收入

把扩大就业、提高居民收入放在经济社会发展更加突出的位置，实施更加积极的就业政策，构建完善的就业创业服务体系，促进居民收入增长和经济增长同步。一是坚持就业优先战略。千方百计稳岗增岗，健全税费减免、社保补贴、岗位补贴、小额担保贷款等政策，大力发展吸纳就业能力强的制造业、服务业、民营企业等行业企业，完善创业服务平台，支持自主创业，加大对灵活就业、新就业形态的支持，促进劳动者自主就业，着力缓解结构性就业矛盾。完善就业援助制度，积极开发城市管理、社区服务、保洁绿化等公益性岗位。加强人力资源市场建设，完善市县就业信息服务平台建设，促进就业信息互联互通、共建共享。健全面向全体劳动者的终身职业培训体系，对贫困家庭子女、城镇困难人员、失业人员、转岗职工、农业转移人口、退役军人等重点群体实现免费培训。打破城乡、地区、行业分割和身份、性别歧视，维护劳动者平等就业权利。落实带薪休假等制度。建立和谐劳动关系，全面实施劳动合同制度，加强协调劳动关系三方机制建设，维护职工和企业合法权益。二是提高居民收入水平。

增加合理工资性收入，建立健全科学的工资水平决定和正常增长机制。完善工资指导线制度、最低工资增长机制和支付保障机制，推行企业工资集体协商。落实机关事业单位工资正常调整机制。拓宽居民财产增值方式，多渠道增加居民财产性收入。完善由市场评价资本、知识、技术、管理要素贡献并按贡献分配的机制，加快建立科技成果入股、岗位分红权激励等多种分配方式。实行有利于缩小收入差距的政策，完善个人所得税制度，增加低收入劳动者收入，扩大中等收入者比重。保护合法收入，规范隐性收入，遏制以权力、行政垄断等非市场因素获取收入，取缔非法收入

（4）完善社会保障体系

健全社会保险体系。推进机关事业单位养老保险制度改革，推进城乡居民基本养老、医疗保险制度并轨，完善社会保险关系转移接续政策。大力实施全民参保登记计划，扩大保险覆盖面，合并实施生育保险和基本医疗保险。全面实施城乡居民大病医疗保险制度。鼓励发展商业养老保险和商业健康保险。实施渐进式延迟退休年龄政策。积极发展企业年金、职业年金。建立市场配置和政府保障相统一的住房制度。大力推进保障性住房建设，完成棚户区改造任务。完善公积金制度，提高公积金覆盖率，逐步把进城落户农民纳入城镇住房保障体系，改善居民住房条件。统筹社会救助体系，确保困难群众基本生活，大力发展养老服务业。支持慈善事业发展，广泛动员社会力量开展社会救助、志愿服务活动。

（5）推进健康宿州建设

健全医疗服务体系。建设儿童、肿瘤、传染病等市级专科医院，支持县区创建三级医院和二级妇幼保健院。加强全科医生培养力度。促进医疗资源向基层、农村流动，进一步健全乡镇、社区（村）卫生服务网络。深化医药卫生体制综合改革，全面推进公立医院综合改革，实行医保、医药、医疗联动，推进医药分开，实行分级诊疗，建立覆盖城乡的基本医疗卫生制度和现代医院管理制度。鼓励社会力量兴办健康服务业。坚持中西医并重，促进中医药发展。加强传染病、慢性病等重大疾病综合防治和职业病危害防治，通过多种方式降低大病慢性病医疗费用。发展竞技体育，增强人民体质，积极申办2022年全省运动会。加强城乡体育场馆、健身步道等设施建设，推广全民健身。实施食品安全战略，形成严密高效、社会

共治的食品安全治理体系。

（6）促进人口均衡发展

坚持计划生育基本国策，全面实施一对夫妇可生育两个孩子政策。倡导优生优育，保障母婴健康，优化出生人口性别比，提高出生人口素质。健全特殊困难计划生育家庭帮扶机制，关爱计生家庭发展。坚持男女平等基本国策，加强妇女和未成年人权益保护。推动残疾人事业发展，健全扶残助残服务体系。

（三）宿州共享发展实践的启示与思考

1. 宿州共享发展实践的启示

（1）坚持以人民为中心发展，顺应群众需求

《中共中央关于制定国民经济和社会发展第十三个五年规划的建议》指出："共享是中国特色社会主义的本质要求。必须坚持发展为了人民、发展依靠人民、发展成果由人民共享，作出更有效的制度安排，使全体人民在共建共享发展中有更多获得感，增强发展动力，增进人民团结，朝着共同富裕方向稳步前进。"新发展理念是坚持以人民为中心的发展思想的集中体现。依靠人民、为了人民，为人民发展、由人民享有，是我国发展要解决的根本问题，也是马克思主义政党的根本价值取向。我们国家是共产党领导的社会主义国家，要把实现好维护好发展好最广大人民根本利益作为发展的根本出发点和落脚点。新发展理念把实现人民幸福作为发展的目的和归宿，坚持发展为了人民、发展依靠人民、发展成果由人民共享。越是发展到更高层次、更高水平，越要坚持人人参与、人人尽力、人人享有，使发展更具公平性、普惠性，让人民群众有更多获得感、幸福感。历史和现实反复证明，不以人民为中心的发展是违背社会发展规律的，是不可持续的。坚持以人民为中心的发展思想，既是一个重大理论问题，也是一个重大实践问题。在共享发展的宿州实践中，无论是连续几年财政支出的80%以上投入到民生领域，还是"三线三边"环境综合整治中主动作为创造出"宿州经验"；无论是深入推进脱贫攻坚，还是在棚户区改造中形成的以人为本、让利于民的宿州拆迁模式，都充分彰显了"以人民为中

心”的价值取向，是宿州市委市政府坚持“以人民为中心的发展思想”的具体体现，也是宿州市践行共享发展理念的生动启示。

（2）以政府干部作为弥补财力不足

推进共享发展的主要任务是增进人民福祉，促进社会公平正义，坚决打赢脱贫攻坚战，着力解决收入分配差距过大、公共服务供给不足、社会保障滞后等突出问题，让人民群众过上更加美好的生活，必须要有强大的物质基础作支撑，雄厚的财力为后盾。宿州市作为皖北传统农业大市，正处在负重爬坡阶段，财力有限，而民生领域的欠账很多，老百姓对美好生活的期待又很迫切，面对共享发展的难题，宿州市委市政府主动积极作为，持续“点燃激情、提升效能”，建立最严格的目标管理责任清单，把共享发展的目标任务“菜单式”分解到部门、具体到项目、量化到个人，确保“事有专管之人、人有明确之责、责有限定之期”，做到千斤重担大家挑、人人肩上有指标，形成一级抓一级、层层抓落实、事事有着落的封闭“落实链条”。要求各级干部坚持“一线”工作法，做到在一线深入抓、进基层精准抓，带头沉到一线、干在一线，领着大家干、干给大家看，真正用身影指挥人、用实干带动人。坚持主要领导亲自抓、市级领导分片联系县区，每县区配备 1 名扶贫工作挂职专职副书记，9337 个自然村分别在本村选配 1 名扶贫小组长，873 个非贫困村派驻 1746 名扶贫工作队员，每月驻村 15 天、任期 3 年。自然村扶贫小组长做法得到国务院扶贫办充分肯定。宿州市在共享发展的实践中用干部的辛苦指数换来群众的幸福指数，以政府的主动作为实现老百姓对美好生活向往。

（3）以全面深化改革化解共享难题

宿州市共享发展中存在诸多发展短板，面临一系列发展难题，而这些短板和难题基本上是受原有体制机制的制约，因此弥补共享发展短板、破解共享发展难题根本上还要靠全面深化改革。习近平总书记指出：“全面深化改革必须着眼创造更加公平正义的社会环境，不断克服各种有违公平正义的现象，使改革发展成果更多更公平惠及全体人民。如果不能给老百姓带来实实在在的利益，如果不能创造更加公平的社会环境，甚至导致更多不公平，改革就失去意义，也不可能持续。”宿州市在共享发展的实践中以改革统揽全局，不失时机地加快关键领域和重点环节改革，有效激发发展的巨大潜能，作出更有效的制度安排，保障共享发展得以实现。为促进“大众创业、万众创新”，宿州市政府制定关于进一步做好新形势下就业创业工作的实施意见，提出30条具体改革举措；宿州市埇桥区动区域医疗服务共同体改革试点工作，明确宿州市第一人民医院为牵头单位，6家中心乡镇卫生院为成员单位，整合区乡医疗卫生资源、实行区域集团化经营管理、建立分工协作机制、新农合基金对“医共体”实行按参合人头总额预算支付等改革方式，提高医疗资源的配置和使用率，着力解决老百姓健康问题。同时，为进一步激发党员干部干事创业的激情，大力营造支持改革、鼓励创新、宽容失败的良好环境，推进市委、市政府重大决策部署和重点工作任务的落实，中共宿州市委制定《关于鼓励支持党员干部干事创业建立容错免责机制的暂行办法（试行)》。

（4）调动群众积极性共建共享

天上不会自动掉馅饼，不劳而获不是正常生活，也不应该是正常人的追求，共享的成果需要大家共同参与。习近平总书记指出：“幸福不会从天而降，梦想不会自动成真。‘空谈误国，实干兴邦’，实干首先就要脚踏实地劳动。”“春种一粒粟，秋收万颗籽。”共建是共享的基础和前提，没有高水平的共建就没有高质量的共享。人民是改革发展成果的建设者和创造者，没有人民的参与和创造，社会主义事业将会一事无成。“用众人之力，则无不胜也。”集体是力量的源泉，众人是智慧的摇篮。在共建“蛋糕”的过程中，要始终坚持人民群众的主体地位，尊重人民群众的首创精神，充分依靠和发挥广大人民群众的力量和智慧，调动广大人民群众的积极性，为全社会创造更多更好的物质财富和精神财富。习近平指出：“共建才能共享，共建的过程也是共享的过程。要充分发扬民主，广泛汇聚民智，最大激发民力，形成人人参与、人人尽力、人人都有成就感的生动局面。”习近平强调：“我们的责任，就是要团结带领全党全国各族人民，继续解放思想，坚持改革开放，不断解放和发展社会生产力，努力解决群众的生产生活困难，坚定不移走共同富裕的道路。”

在共享发展的实践中，宿州市十分注重老百姓的参与度，让老百姓在共建中实现共享，从而使共享发展更具有生命力，更具有可持续性。泗县在乡村社会治理中在全县171个行政村选用1056名有能力有声望，热心公共事务得到群众公认的老党员、老干部、老族长、老教师等现代乡贤，由村“两委”颁发聘书、乡镇集中培训，义务为群众服务。乡贤志愿者和社会体系有机融合，有力促进乡村社会和谐稳定与社会主义核心价值观落地扎根，完善了乡村基层现代治理体系。在“三线三边”环境整治中坚持全方位、立体式的宣传思路，使环境整治工程的意义进村入户，入脑入心，正确引导城乡居民积极参与到环境整治工作中来，在全市上下营造了浓烈的宣传舆论氛围，形成了“全民参与、人人动手”的工作局面。宿州市共享发展的实践中让老百姓积极主动的参与，提高共享发展的知晓率和参与度，打牢了共享发展的群众基础。

2. 宿州共享发展实践的思考

（1）关于共同富裕

共同富裕，是社会主义的根本目标，也是自古以来中国人民的一个基本理想。新中国成立初期，毛泽东在抒发他的中国梦时这样说：“现在我们实行这么一种制度，这么一种计划，是可以一年一年走向更富更强的，一年一年可以看到更富更强些。而这个富，是共同的富，这个强，是共同的强，大家都有份。”在广大亿万人民群众的内心深处，中国梦就是富裕梦，构成中国发展具有决定性意义的主体力量奋斗的根本动力。

改革开放以来，中国在实现了30多年经济快速增长的同时，利益公平分配的问题逐渐突出，社会贫富差距成为必须正视的当今中国社会现实。根据国家统计局公布的数据，我国居民收入的基尼系数2003年为0.479，2008年达到最高点0.491，之后逐年下降，2014年的基尼系数是0.469。而在20世纪80年代初，全国收入差距的基尼系数是0.3左右。① 贫富差距不仅体现在收入差距的方面，财产差距成为衡量贫富差距越来越重要的方面。北京大学中国社会科学调查中心发布的《中国民生发展报告·2014》显示，1995年我国财产的基尼系数为0.45，2002年为0.55，2012年我国家庭净财产的基尼系数达到0.73，顶端1%的家庭占有全国三分之一以上的财产，底端25%的家庭拥有的财产总量仅在1%左右。中国的财产不平

① 参见冯华《贫富差距到底有多大?》，《人民日报》2015年1月23日。

等程度明显高于收入不平等的程度。①

回过头看，作为改革开放总设计师的邓小平对于这一问题有十分清醒而准确的预见。1990 年 12 月 24 日，邓小平指出："共同致富，我们从改革一开始就讲，将来总有一天要成为中心课题。社会主义不是少数人富起来，大多数人穷，不是那个样子。社会主义最大的优越性就是共同富裕，这是体现社会主义本质的一个东西。如果搞两极分化，情况就不同了，民族矛盾、区域间矛盾、阶级矛盾都会发展，相应地中央和地方的矛盾也会发展，就可能出乱子。"② 在 1992 年南方谈话中，邓小平明确指出："解放生产力、发展生产力、消灭剥削、消除两极分化、最终达到共同富裕。"③ 这一对社会主义本质的全新概括显然具有鲜明的针对性。1993 年 9 月 16 日，邓小平进一步指出："我们讲要防止两极分化，实际上两极分化自然出现。""问题也会越来越多，越来越复杂，随时都会出现新问题。"④

在充分肯定中国道路正确性的同时，必须基于社会主义理想的引导，对于中国现代化过程中存在的一系列重大现实问题展开批判性反省，探求规范性矫正的具体路径。在加快现代化建设的新的历史阶段，一个根本的前提是，需要基于认识和实践的统一解决好"为了谁"的问题。正如习近平总书记指出的，"以人民为中心的发展思想，不是一个抽象的、玄奥的概念，不能只停留在口头上、止步于思想环节，而要体现在经济社会发展各个环节。"⑤

共享固然需要以物质为基础，但更多地应理解为一个精神概念。对于宿州而言，由于区位和历史因素的影响，经济社会发展水平不仅与沿海发达地区存在一定的差距，即使与本省其他一些地区相比，也存在一定的差距。承认差距并不尴尬和可怕。经济社会发展水平的相对劣势，并不应成为共同富裕实践的借口和理由，并不排斥在共同富裕探索方面的有所作

---

① 参见张心怡：《北京大学发布<中国民生发展报告·2014>》，《光明日报》2014 年 8 月 5 日。

② 《邓小平文选》第 3 卷，人民出版社 1993 年版，第 364 页。

③ 《邓小平文选》第 3 卷，第 373 页。

④ 《邓小平年谱（1975—1997）》下，中央文献出版社 2004 年版，第 1364 页。

⑤ 习近平：《在省部级主要领导干部学习贯彻党的十八届五中全会精神专题研讨班上的讲话（2016 年 1 月 18 日）》，《人民日报》2016 年 5 月 10 日。

为，只要坚持以人民为中心的发展思想，将民生问题摆在关键和突出的位置，一心一意、坚持不懈地贯彻共享发展理念，不断缩小社会贫富差距，就能成功逆袭出经济文化相对落后地区的发展优势，不断靠近共享发展的最终目标，越来越多显示出社会主义的优越性。宿州市委领导在市文明委全委会暨争创全国文明城市动员大会上的讲话告诫党员干部，“如果总是待在办公室里，我们就很难看到小街小巷是否有垃圾积存、出店经营、乱摆乱放等问题；如果总是坐在车子里，我们就很难体验到人行道上是否有破损、绿化带上是否有缺失、下雨时是否有积水；同样，如果总是坐在会场里，我们也很难听到群众的呼声、群众的期盼、群众的建议。参与创建工作的同志们要更多地走出办公室、走进城乡的每一个角落、走到广大人民群众中去，做到第一时间发现问题、第一时间研究问题、第一时间解决问题，不断在解决问题中提升创建工作水平。”对于民生工作，宿州市委领导反复强调：“民生工作直接同老百姓见面、对账，来不得半点虚假，承诺了的就要兑现。”从宿州市委领导的一系列讲话和上述民生实践中，宿州在关于发展“为了谁”的问题上，值得肯定，值得期待。

（2）关于集体经济

分配关系的调节是解决分配问题的重要方面，这一点毋庸置疑。但是，在马克思主义看来，生产关系与分配关系具有一致性并对分配关系起决定性作用。这一原理在当下中国现代化实践中得到充分证明。生产关系的变化无疑是考察和分析当今中国社会贫富差距问题的根本性方面。由此决定了，共享发展的实践必须高度关注所有制结构变化的问题并作出战略性的安排。概括而言，拒绝私有化是正确处理所有制问题的主要着力点。

一方面，所有制结构的改革与调整必须坚决拒绝大规模私有化的思路和主张。对私有化的拒斥决定于社会主义制度的根本要求，改革开放以来中国的现代化建设之所以取得巨大成就，在恢复和发展非公经济的同时，始终坚持公有制经济为主体、多种所有制经济共同发展的社会主义初级阶段基本经济制度，是其中一个重要原因和重要经验。有国外观察者注意到了这一事实，“关键的改革并非私有化，而是让国有企业引入竞争机制，相互之间、与外国公司之间，特别是与大量新建的私有、半私有和集体所有制企业之间展开竞争。”[①] 有学者在此基础上进一步分析道，之所以没有实行完全私有化，“不是从共产党的意识形态出发，而是根据中国自身的经验教训来思考这个问题。”由于中国历史上土地兼并、农民流离失所这样的教训班班可考，所以中国才不会轻易地跨出完全私有化这一步。[②] 自身的经验教训固然是拒斥私有化的一个重要根据，但这一分析显然严重忽略了社会主义原则对所有制结构变化的决定性影响和作用。

就此而言，宿州通过发展集体经济的方式实现脱贫致富就具有特别重要的意义与价值。宿州市委主要领导在村干部、大学生村官、党员群众代表和乡贤代表座谈会上的讲话中指出要大力发展集体经济。近年来大庄的乡村工业园发展迅速，已经成为拉动当地经济快速发展的重要平台，希望村里也要立足自身实际，力所能及地发展一些乡村工业，比如积极引进“三来一加”，即来料加工、来件装配、来样定做和农副产品加工项目等，发展壮大村级集体经济。从 2015 年起，市财政每年列支 500 万元专项资金，用于培育村级集体经济发展典型，受援村要立足自身优势，主动作为，找准发展集体经济的路子，这方面县、乡党委也要做好组织、帮扶、引导工作。埇桥区桃园镇吕寺村通过打好农业、工业和服务“三张牌”，迅速壮大了集体经济、增加了农民收入。宿州实践证明了集体经济与共同富裕的一致性，希望这个证明越来越充分，越来越有力。

另一方面，私有经济的现实合理性决定了正确认识和处理劳动与资本的现实必要性。在马克思主义看来，资本与劳动各自的地位决定了，它们两者之间没有真正的机会均等。正如有学者指出的：“财富的异化不仅体现为创造财富的劳动主体的异化，还表现为分配的异化。资本主义的财富增加的一个突出现象，就是社会财富的增长与创造财富的劳动者的贫困成正比。”[③] 马克思主义还认为，经济和政治之间具有不可分割性。资本的权力不仅体现在生产和分配领域，还蔓延和渗透到政治社会生活的每一个角

---

① ［意］乔万尼·阿里吉：《亚当·斯密在北京：21 世纪的谱系》，路爱国、黄平、许安结译，社会科学文献出版社 2009 年版，第 359 页。

② 朱云汉：《高思在云——中国兴起与全球秩序重组》，中国人民大学出版社 2015 年版，第 138 页。

③ 陈先达：《历史唯物主义视野中的财富观》，《哲学研究》2010 年第 10 期。

落。埃及著名左翼萨米尔·阿明指出，当下西方在经济上的垄断化和寡头化，带来了政治上极大的变化，即权力的集中和民主的衰退。今天，资本不仅操纵了选举，还操纵了媒体、网站、学校，操纵了反抗的可能性。①其实，这一切只不过是在资本的强力作用下资本主义民主实质的充分暴露而已，资本毫无疑问是侵蚀和扭曲西方社会权力结构的总根源。社会主义初级阶段私人资本存在的合理性决定了，讨论共享发展的实践，首先必然涉及作为人民群众主体的劳动群众与资本之间的矛盾，必然涉及经济政治文化的因素在劳动与资本利益关系中的安排，由此构成共享发展必须面对的一个重大现实问题。

坚持和发展中国特色社会主义是一项长期而艰巨的历史任务，需要进行许多具有新的历史特点的伟大斗争。一方面，中国的现实发展离不开资本；另一方面，资本强势和劳动弱势是一个基本国情。就此而言，作为一个后发地区，宿州出于快速发展的考虑对资本有大量需求，但是，坚持劳动是天的底线思维不可突破，对于资本不能无条件地全盘接受而必须做出选择性考虑的原则，必须纳入招商引资的框架之中。随着工业化步伐的逐步加速，宿州市需要站在社会稳定和谐的政治高度，始终坚持社会主义初级阶段的价值原则，在不断发展壮大包括集体经济在内的公有制经济的同时，对于私人资本经济成分中资本与劳动的矛盾应坚决贯彻劳动立场，努力实现劳资关系和谐、劳资双方共赢；在发展社会主义民主法治和建设社会主义精神文明的过程中，奉行劳动至上，努力实现现代化与社会主义的一致性。

---

① 张君荣、张帆：《萨米尔·阿明：资本主义国家正在走下坡路》，《中国社会科学报》2015年10月16日。

六、全面从严治党　领航宿州新发展

习近平总书记在党的十九大报告中指出，全面从严治党永远在路上。一个政党，一个政权，其前途命运取决于人心向背。人民群众反对什么、痛恨什么，我们就要坚决防范和纠正什么。安徽省委强调，只有深入推进全面从严治党，才能使党的各级组织更加坚强、更有力量，才能使党员队伍始终保持先进性和纯洁性，才能为打造创新型“三个强省”、全面建成小康社会提供坚强保证。宿州市委要求，要把制度建设贯穿于党的建设各方面，着力构建内容协调、程序严密、配套完备、有效管用的制度体系。2014 年 12 月，习近平总书记在江苏调研时提出“全面从严治党”，将“三个全面”上升到“四个全面”的战略高度。这一战略思想与我们党执政特别是新时期以来在党建方面的实践成果一脉相承，同时又深刻总结、反思历史的经验教训，提出新认识新要求新举措；以政治建设为灵魂，思想建设设为基础，抓住干部这个“关键少数”，强化作风建设这个永恒主题，以纪律为抓手、制度为保障。以党风廉政建设和反腐败斗争为重要内容，其基础在全面，关键在严，要害在治。“全面”就是管全党、治全党，覆盖党的建设各个领域、各个方面、各个部门，重点是抓住领导干部这个“关键少数”；“从严”意味着“严”字当头，着力解决治党管党失之于宽、失之于松、失之于软的问题；“治”就是各级党组织肩负起管党治党的主体责任，纪委担负起监督责任。

自然生态要山清水秀，政治生态也要山清水秀。2013 年 1 月，习近平总书记在十八届中央纪委二次全会上首次提出党内政治生态的概念，此后又有多次论述。“政治生态是一个地方政治生活现状以及政治发展环境的集中反映，是党风、政风、社会风气的综合体现，核心是领导干部的党性

问题、党悟问题、作风问题。”良好的政治生态是全面从严治党的重要内容，为稳妥有序推进改革发展奠定一个坚实的基础。“‘一花独放不是春，百花齐放春满园’。政治生态如何，决定着能不能有一大批好干部，能不能塑造一种好风气。”习近平总书记在十八届中央纪委六次全会上强调：“政治生态好，人心就顺、正气就足；政治生态不好，就会人心涣散、弊病丛生。”严肃党内政治生活、净化党内政治生态是伟大斗争、伟大工程的题中应有之义，是我们党坚持党的性质和宗旨的重要法宝，是我们党实现自我净化、自我完善、自我革新、自我提高的重要途径。在党的十九大报告中习近平指出，全面净化党内政治生态，坚决纠正各种不正之风，以零容忍态度惩治腐败，不断增强党自我净化、自我完善、自我革新、自我提高的能力，始终保持党同人民群众的血肉联系。

中央一再强调“治国必先治党，治党务必从严”，正包含了这层意思。同理，一个地方要搞好发展，需要有一大批好干部、有一种好风气作为支撑。而要保持好的政治生态，就必须坚持从严治党。

宿州市委强化全面从严治党的政治担当，始终坚持以人民为中心的发展思想，领航对标创新、协调、绿色、开放、共享五大新发展理念，高点定位，高标谋划，严的措施、强的推进、铁的担当，精心设计全面从严治党的有效抓手和特色载体，不断凝练可复制、可推广的制度、经验和方法，塑造出更多宿州全面管党治党的工作品牌。同聚焦、同谋划、同部署、同落实“一心一意谋发展、聚精会神抓党建”工作中心，以全面从严治党，构筑宿州政治生态的“绿水青山”。

（一）深刻认识全面从严治党的内涵与意义

1. 深刻认识全面从严治党的内涵

在中国共产党的历史上，毛泽东同志第一次把党的建设比作“伟大的工程”。在此基础上，以习近平为总书记的新一届中央领导集体提出，“全面从严治党是推进党的建设新的伟大工程的必然要求”，是对党的建设工程的新设计、新谋划。

全面从严治党作为党的建设的伟大工程，基础是“全面”，关键是“从严”，重点是“治吏”，体现了治标与治本的统筹兼顾、全面推进与突出重点的双管齐下，是对新形势下执政党建设规律的新认识。

全面从严治党，就“全面”而言，至少包含两个层面：一是内容全覆盖，政治建设、思想建设、组织建设、作风建设、纪律建设，把制度建设贯彻其中，深入推进反腐败斗争，不断提高党的建设质量，体现党的建设系统性和整体性。二是主体全覆盖，明确管党治党的主体是各级党组织和广大党员干部，尤其是各级党组织的主要负责人。习近平强调，惩治腐败这一手必须紧抓不放、利剑高悬，坚持无禁区、全覆盖、零容忍。

全面从严治党，关键是“从严”。一要从严落实治党责任，必须增强管党治党意识、落实管党治党责任；二要坚持从严管理干部，要以严的标准、严的措施、严的纪律，使干部心有所畏、言有所戒、行有所止；三要严肃党内政治生活。全面从严治党必须从党内政治生活严起，按照党内政治生活准则和党的各项规定办事；四要严明党的纪律。只有严明纪律，才能使全党统一意志、统一行动，步调一致向前进。

全面从严治党，重点是从严治吏。总书记强调，从严治党的重点，在于从严管理干部，要做到管理全面、标准严格、环节衔接、措施配套、责任分明。所谓管理全面，就是从年轻干部到离退休老同志要实现全覆盖，重点是各级领导干部和身处关键岗位、掌握大量公共资源的干部。所谓标准严格，就是要以党章规定的干部条件为依据，不能把干部管理标准降低到不违纪违法就行的低水平上。所谓环节衔接，就是把日常管理和关键时刻管理统一起来，把上级管理、班子管理、自身管理结合起来，把行为管理和思想管理、工作圈管理和社交圈管理贯通起来，做到干部随管理成长、管理伴干部一生。所谓措施配套，就是综合运用教育、制度、监督等手段，最大限度防止干部犯错误。所谓责任分明，就是根据干部管理权限，把对干部管理的主体责任、监督责任分清楚，明确从严管理干部的责任和主体。

2. 深刻认识全面从严治党的意义

第一，从严治党要求我们党坚持党要管党，制定了党内政治生活的若干准则，颁布了新党章，开展了整党，严肃整治党内不正之风，把党要管党、从严治党落到实处，坚持照镜子、正衣冠、洗洗澡、治治病的要求，开展党的群众路线教育实践活动和“三严三实”专题教育，推进“两学一做”学习教育常态化、制度化。党的创造力、凝聚力、战斗力显著增强。历史经验告诉我们，党要管党须臾不可懈怠，从严治党一刻不可背离。

第二，从严治党要求党员队伍不断发展壮大，结构不断优化，素质逐步提高，党组织的覆盖面不断扩大，使我们党展现出蓬勃的生机和活力。特别是各级党员领导干部中形成抓好党建是本职、不抓党建是失职、抓不好党建是不称职的共识，全面落实党建工作责任制，健全党委统一领导、部门齐抓共管、一级抓一级、层层抓落实的党建工作格局，不断增强党建工作的整体合力。

第三，从严治党要求我们严格按党章办事、按党的制度和规定办事。这要贯穿于党的政治建设、思想建设、组织建设、作风建设、纪律建设，把制度建设贯穿其中，深入推进反腐败斗争，不断提高党的建设质量。切实体现到对各级党组织、广大党员和干部进行教育、管理、监督等各个环节中去，不断解决党内存在的问题，特别是从严抓好各级领导班子和党员领导干部。

第四，从严治党要求我们摒弃那种对错误思想不批评、对错误行为不纠正的“好人主义”，切实改变执纪不严、失之于宽、失之于软的现象，完善各种监督形式和监督机制。切实把制度建设贯穿其中，做到用制度管权、用制度管事、用制度管人。特别是要旗帜鲜明、坚持不懈地开展反腐败斗争，切实做到为民、务实、清廉。

（二）清醒认识我市全面从严治党面临的严峻形势

2013年秋，宿州开门整改，由市委政研室和市统计局就本市干部作风问题进行专题调研，广泛听取群众意见。结果显示，受访者的意见主要集中在“四风”问题上。形式主义方面，主要意见是文山会海、不求实效、空话套话。43.6%的受访者反映，有的干部“习惯于以会议落实会议、以文件落实文件”；24.8%的受访者表示，有的干部“作决策不切实际，抓工作不求实效”；15.8%的受访者认为，有的干部“讲话没有实质内容，空户套话连篇”。官僚主义方面，主要意见是脱离群众、推诿扯皮、效能低下。29.1%的受访者反映，有的干部“高高在上，脱离群众”；22.6%的受访者反映，有的部门“推诿扯皮，流程繁杂”；17.5%的受访者认为，有的干部“不负责任，不敢担当”。享乐主义方面，主要意见是特权思想、追名逐利、玩风盛行。23.9%的受访者反映，有的干部存在“特权思想，搞特殊化”；20.1%的受访者表示，有的干部“计较待遇，追逐名利”；19.7%的受访者认为，有的干部“讲究排场，吃喝玩乐盛行”。奢靡之风方面，主要意见是公款挥霍、生活奢华、情趣低下。47.4%的受访者反映，有的干部“超标接待，挥霍公款”；28.7%的受访者表示，有的干部“情趣低下，腐化堕落”；15.8%的受访者认为，有的部门“节庆繁多，铺张浪费”。

以上反映的情况并非宿州独有，而是带有普遍性的现象和问题。根据上述调研数据，经过认真分析解剖，目前，我市反腐败斗争的总体态势可概括为三个“并存”：成效明显和问题突出并存，防治力度加大和腐败现象易发多发并存，群众对反腐败期望值不断上升和腐败现象短期内难以根治并存。具体表现在以下几个方面：

第一，突出存在信念迷茫、党性缺失的问题。有的领导干部理想信念动摇，在大是大非面前不敏锐、不敏感，在党忧党、在党护党意识不强，在诱惑面前往往底线失守、本真褪色，导致精神上长期处于“缺钙”状态；有的理论水平不高，对党的最新理论成果只背观点、不悟精髓，对中央和省市重大决策部署吃得不透、抓得不准，思维方式滞后，话语体系陈旧，导致思想上长期处于贫血状态；有的宗旨意识淡化，不闻民间疾苦、不问群众冷暖，不知民情民意、不晓民忧民愿，变着法子攀领导，指手画脚待群众，忘记了公仆身份，颠倒了主仆位次，导致履职上长期处于“乏力”状态。

第二，突出存在依法不严、用权任性的问题。有的领导干部心中无法，对宪法、党章不熟，对分管领域涉及的法律法规不精，行使权力、作出决策往往是魄力有余而法治不足；有的以权代法，始终让权力和法治在两条平行线上运行，“谈法治时滔滔不绝、作决策时权力滔滔”，一边讲法治一边搞变通，千方百计为自己开后门、破天窗、配钥匙；有的贪赃枉法，信奉“当官不发财、请我都不来”的所谓从政哲学，将手中的权力打造成大肆敛财的工具，不遗余力为自己、为家族成员或小集团牟取不正当利益，在征地拆迁、保障房分配、低保办理、扶贫慰问等方面寻租牟利、吃拿卡要，优亲厚友、厚此薄彼，甚至是堕落腐败、违法乱纪，导致上面害病、基层吃药，领导腐败、群众吃苦。

第三，突出存在纪律松弛、规矩淡化的问题。有的领导干部热衷圈子文化，整天琢磨拉关系、套近乎、抱大腿，搞团团伙伙、拉帮结派，对内笼络身边人组建“个人王国”，对外网罗亲朋故友、同学同乡形成关系圈，打造“一荣俱荣，一损俱损”的利益共同体；有的背离组织原则，有时擅作主张、我行我素、自行其是，重大问题不请示不报告，经常先斩后奏还美其名曰“敢于担当”；有的不按规矩办事，对中央八项规定等制度要求视而不见，对身边亲属、子女和特关系人管理不够，存在跑风漏气、四处说情、乱打招呼等现象，纵容他人影响政策落实、干预人事安排、谋取非法利益。

第四，突出存在知行背离、阳奉阴违的问题。有的领导干部急功近利，缺乏“功成不必在我”的情怀，换一任领导，变一套思路，调一次规划，考虑眼前任务多，大搞短期行为，追求轰动效应，不是拎着乌纱帽为民干事，而是捂着乌纱帽为己做官；有的浮于表面，没本事会“来事”，不优秀会“作秀”，看上去“不漂亮”的事不做，形不成“大影响”的事不干；有的欺上瞒下，事事开篇无下文，处处开花不结果，向上级汇报虚报浮夸，对基层群众则敷衍塞责，把部署的说成落实的。

第五，突出存在为官不为、不想干事的问题。有的领导干部工作作风不实，总拿改革当戏唱、总把发展挂嘴上，只想当官不愿做事，只想揽权不愿担责，只想出彩不想出力，干工作经常是“遥控指挥”“隔空传话”；有的执行不力，有令不行、有禁不止，搞上有政策、下有对策，对上级决策部署合意的就执行，不合意的就打折扣、做选择，导致“好事办砸、实事泡汤”；有的攻坚克难不够，习惯于老一套、旧框框，凭经验惯例办事，怕冒风险，怕担责任，小事不上心，大事不敢管，难事不愿干。

第六，突出存在工于心计、私心过重的问题。有的领导干部口是心非，当面一套、背后一套，口头上说一套、暗地里干的是另一套；有的以公肥私，为了安排子女工作、照顾亲戚生意，可以挖空心思、削尖着头去跑门子、找关系，而对工作却敷衍了事，拨一下就动一下，上面不推下面就坚决不动；有的巧言令色，总认为，比起实打实地做出成绩，搞好人际关系更容易在官场上生存、升迁，一心想的是把上级拍好、把下级哄好、把同级敷衍好，见人说人话、见鬼说鬼话，一副政客做派。更可怕的是，这样的少数人，有的还能混得左右逢源、如鱼得水，付出比别人少，得到的比别人多，在各级领导干部中产生极坏的示范效应。

上述问题和现象在本市有不同程度的存在，有的虽然只是个别现象，但还是会给一个地方带来极其恶劣影响，极易造成政治生态恶化、歪风邪气抬头、干群关系紧张、班子内耗严重等不良传导效应。如果任由这些“圆滑官”“老好人”大行其道，纵容这些“推拉门”“墙头草”现象长期存在，必然影响五大发展美好宿州推进。

（三）全面从严治党的宿州实践

1. 抓惩腐治贪构筑良好政治生态，聚精会神谋求新发展

在社会大环境中，不良政治生态如同一个“大染缸”，人置身其中难以独善其身。风清气正的政治生态则润物无声，党员干部会受到潜移默化的影响，自觉见贤思齐，好的作风就会成为主流。

习近平总书记指出做好各方面工作，必须有一个良好政治生态。政治生态污浊，从政环境就恶劣；政治生态清明，从政环境就优良。党的十九

大报告指出，人民群众最痛恨腐败现象，腐败是我们党面临的最大威胁。只有以反腐败永远在路上的坚韧和执着，不断推动全面从严治党向纵深发展，不断巩固反腐败斗争压倒性态势，重构良好政治生态。深化标本兼治，保证干部清正、政府清廉、政治清明，才能跳出历史周期率，确保党和国家长治久安。

宿州市认真按照中央部署，严格落实构筑良好政治生态的历史责任，从源头上净化从政环境，营造健康向上的生态氛围。

加强生态构建，严格落实责任。落实党风廉政建设责任制，即党委负主体责任，纪委负监督责任，严查发生在群众身边的腐败。深入学习贯彻习近平总书记系列重要讲话精神，聚精会神抓党建。各级党委（党组）要做到“知田善种”、靠前指挥，切实担负起主体责任，做到“四个亲自”“两个带头”，即重要工作亲自部署、重大问题亲自过问、重点环节亲自协调、重要案件亲自督办；带头开展廉政约谈、带头参加责任制考核反馈。各级纪检监察部门要进一步突出“三转”、聚焦主业，既要经常进行监督检查，又要主动严肃查处腐败问题，对发现的本级本单位案件线索要及时向上级纪委报告，决不能出现“底下问题成串、为官麻木不仁”现象。各级班子成员要坚持“一岗双责”，把反腐倡廉作为“永不竣工”的分管工程，主动加强对分管部门、分管领域党员干部的教育管理，真抓、真管、真负责，促使干部勤政干事不出事，干事出色不变色。

聚焦铸根塑魂，加强思想建设。深入开展党的群众路线实践教育活动，“三严三实”、“两学一做”学习教育，践行“四讲四有”，切实增强广大党员干部“学”的主动性、“做”的执行力。充分发挥思想政治理论教育的主渠道作用，认真学习贯彻党章，不断深化中国特色社会主义和中国梦宣传教育，引导全体党员在党言党、在党忧党、在党为党。坚持把纪律和规矩挺在前面，认真学习贯彻“一准则两条例”，紧绷纪律之弦，严守规矩之戒，坚决维护党中央权威和党的集中统一。严格落实意识形态工作党委主体责任，切实把意识形态责任扛在肩上、抓在手中。加强和改进宣传工作，加快推进传统媒体与新媒体融合发展，强化网上正面宣传，不断巩固舆论阵地、净化网络空间、集聚发展正能量。持续践行社会主义核心价值观，积极培育、选树、宣传先进典型，营造崇德向善的良好风尚。

加强廉政警示教育，彰显反腐败不是“隔墙扔砖头，砸到谁，谁倒霉”的小概率，而是“莫伸手，伸手必脏手，伸手必被捉”的硬道理。一是筑好自身的“防火墙”，二是织密身边的“隔离网”，三是甘当公众的“聚焦点”。在处处都是摄像机、人人都有麦克风的“大数据”时代，领导干部生活中一些自以为微不足道的“小事”被挖掘出来就会被无限放大。面对这种现象，培养各级领导干部养成“愿意监督、适应监督、喜欢监督”的习惯。用这种“放大镜式”的监督，自觉在法律约束下用权，在制度笼子里用权。

萧县纪委监委组织全体纪检干部赴蔡洼村
淮海战役总前委会议旧址重温入党誓词

聚焦固本强基，强化组织建设。认真贯彻《中国共产党地方委员会工作条例》和《中国共产党党组工作条例（试行）》，加强各级党委（党组）建设，统筹抓好各级领导班子建设，建设政治过硬、本领过硬、工作过硬、廉洁过硬的坚强集体。严格贯彻新时期好干部“20 字”选用标准，健全完善体现五大发展理念和正确政绩观要求考核评价体系，选好用好“狮子型、亮剑型、阵地型”党员干部。推进重要岗位干部交流轮岗全覆盖，进一步加大年轻干部、女干部、党外干部和少数民族干部的培养力度。充分发挥老干部的积极作用。提高发展党员质量，优化党员队伍结构。巩固和加强党的基层组织，持续推进“3456”行动计划，加强基层服务型党组织和基层党组织标准化建设，加强基层党组织带头人队伍建设，选派优秀年轻干部到村担任第一书记，加大软弱涣散村（社区）整顿转化力度，发展壮大村级集体经济。切实发挥脱贫攻坚第一书记领导、引导、指导、督导作用，建好用好脱贫攻坚移动纪实系统，切实抓好党建促脱贫攻坚。全面推进企业、社区、机关和学校等基层党组织建设，加大在非公有制经济组织和社会组织建立党组织力度，推进网络党建，实现党组织和党的工作全覆盖。坚持党管人才原则，实施重大人才工程，推动各类人才队伍建设，形成人人皆可成才、人人尽展其才的生动局面。

全市城市基层党建工作座谈会

聚焦从严从实，推进作风建设。认真落实和完善“两清单一办法”，严格执行中央八项规定精神和省市30条，全力打造效能建设升级版，各类会议减少20%，文件减少4%，“三公经费”下降17.2%。健全直接联系服务群众制度，推动机关工作重心下移，着力解决好群众最关心、最直接、最现实的利益问题。强化问题导向，紧盯重要领域、重要问题、重要节点，加强督促检查，严肃责任追究，加大通报曝光力度，从严查处顶风违纪行为。加强基层干部作风建设，密切党群干群关系。持续加大“四风”问题整治力度和腐败问题的专项治理。对重点发生在民生工程、“三资”管理、土地征收领域的吃拿卡要、与民争利、办事不公等问题进行严肃查处，切实以优良的党风促政风带民风育家风。按照“一个结合起来”“三个区分开来”的要求，健全完善干部鼓励激励和容错纠错机制，鼓励创新、激励担当、宽容失败。压紧夯实“任务分解、落实报告、跟踪督查、社会监督”四位一体责任链条，形成“狠抓落实、实干兴宿”的浓厚氛围。

聚焦标本兼治，推进反腐倡廉。严格落实“两个责任”和“一岗双责”，把握运用监督执纪“四种形态”，进一步巩固不敢腐的成果，构建不能腐的机制，形成不想腐的氛围。常态化开展党风廉政警示教育，公开曝光、深刻剖析典型的违纪违法案件，坚持以案说法、以案释纪、以案施教，以身边事教育身边人，引导广大党员干部守住廉洁底线、保持清廉之身。坚持“一案双查”，开展专项整治，加大重点领域、重要岗位、重点环节和群众身边腐败案件的查处力度，让腐败分子在党内没有任何藏身之地。加强巡察工作体制机制建设，完善派驻机构统一管理，对标“六项纪律”，深化“四个着力”，统筹开展常规巡察、专项巡察和“回头看”巡察，着力发现深层次问题。全面推进惩治和预防腐败体系建设，聚焦“一把手”这个监督重点，强化对干部特别是领导干部的日常管理监督，严格执行领导干部重大事项报告制度，强化权力运行的全程监督。创新监督执纪审查方式，树立鲜明执纪导向，健全重大案件剖析制度，建立起教育、监督、惩处、保护并重的党风廉政建设体系。

聚焦常态长效，强化党的制度建设。全市上下高擎反腐利剑，持续强化制度建设，党风廉政建设和反腐败斗争呈现出作风在抓、贪腐在查、风气在变的新常态。我市把抓好党的建设就是最大的政绩，坚持把抓好党建工作作为最大主业，从严加强干部队伍建设；坚持正风肃纪祛顽疾，真正把“清水一片光照人”的廉洁形象立起来。把制度建设贯穿于党的建设各方面，着力构建内容协调、程序严密、配套完备、有效管用的制度体系，建立健全决策权、执行权、监督权既相互制约又相互协调的权力结构和运行机制，真正做到用制度管权、按制度办事、靠制度管人。进一步强化全委会决策和监督作用。推进公共决策民主化，完善深入了解民情、充分反映民意、广泛集中民智的决策机制。认真落实“三会一课”制度，贯彻民主集中制原则，发展党内民主，推进党务公开，保障党员主体地位和民主权利。推进领导干部能上能下，重点解决干部能下问题；加强不合格党员退出机制建设，促进党员干部队伍的新陈代谢。巩固扩大党代表大会常任制和党代表任期制成果，充分发挥党代表作用。不断深化干部人事制度改革、组织制度改革、人才发展体制机制改革。实行全程跟踪督查机制，健全问责机制，确保让铁规发力，让禁令生威，不断强化制度的刚性约束和惩戒作用，推动管党治党从宽松软向严紧实转变。2015 年以来，相继发布一系列相关文件，包括《中共宿州市委关于贯彻全面从严治党要求、加强党建工作的实施意见》《宿州市首问首办责任制规定（试行）》《宿州市党政机关及其工作人员效能问责暂行办法（试行）》《宿州市县处级党政正职向市委、市纪委全会述廉述责和接受评议实施办法（试行）》《市直有关部门贯彻实施〈中共宿州市委关于贯彻全面从严治党要求、加强党建工作的实施意见〉重要举措分工方案》《县区纪委书记、副书记提名考察办法（试行）》等。

党的十八大以来，为构建风清气正的政治生态环境，我市提出深入学习贯彻习近平总书记系列重要讲话精神，聚精会神抓党建。坚定不移深入推进全面从严管党治党，为全面建成小康社会、建设创新型“四个宿州”提供坚强的政治保证。把习近平总书记新思想、新观点、新要求，作为我们实现奋斗目标的强大思想武器，积极运用新媒体技术拓展学习平台载体，加强对干部的教育培训，大力开展思想理论教育、党性教育和专业化能力培训。广泛开展面向基层的理论宣讲，推动习近平总书记系列重要讲话精神进机关、进校园、进社区、进乡村、进企业。坚持学用结合、知行合一，从习近平总书记系列重要讲话中找方法、找路径，增强贯彻落实的主动性坚定性，切实做好结合文章，转化为符合宿州实际的科学思路、工作举措和发展成效，确保讲话精神在宿州大地落地生根、开花结果，为构建风清气正的政治生态环境打下坚实基础。

2. 抓作风建设培植从政新风，正风肃纪引领新发展

习近平总书记指出：“作风建设永远在路上，永远没有休止符”。党的作风关系党的形象，关系人心向背。党的作风关系党的形象，关系人心向背。执政以来特别是进入改革开放新时期以来，随着世情、国情、党情不

断发生深刻变化，我们党面临“四大考验”，即执政考验、改革开放考验、市场经济考验、外部环境考验；面对“四种危险”，即精神懈怠的危险、能力不足的危险、脱离群众的危险、消极腐败的危险。管党治党的压力有增无减。

宿州市认真总结作风建设的严峻性，把握内在规律，对照中央“八项规定”，认真查找作风方面存在的突出问题，制定切实管用的改进办法。

（1）着力加强思想教育，夯实作风建设根本点

十九大报告中指出，思想建设是党的基础性建设。革命理想高于天。共产主义远大理想和中国特色社会主义共同理想，是中国共产党人的精神支柱和政治灵魂，也是保持党的团结统一的思想基础。大凡干部出问题，其根源在于理想信念不坚定，理想信念不坚定再而导致作风不严不实，脱离群众，消极腐化。习近平总书记有一段话说得很深刻。他说，理想信念是共产党人精神上的“钙”，没有理想信念，或者理想信念不坚定，精神上就会“缺钙”，就会得“软骨病”，就可能导致政治上变质、经济上贪婪、道德上堕落、生活上腐化。坚定的信仰始终是党员、干部站稳政治立场、抵御各种诱惑的决定性因素，始终是共产党人安身立命的根本。

重视从思想上建党是党的一大优良传统和显著政治优势。新时期以来，我们党将马克思主义基本原理与中国具体实际和时代特征相结合，大力推进马克思主义中国化，形成中国特色社会主义理论体系，实现了党的指导思想的与时俱进；同时努力做到理论创新每推进一步，理论武装就跟进一步，党的十八大以来，以习近平同志为总书记的党中央积极进行具有许多新的历史特点的伟大斗争，大力推进理论创新和实践创新，在新的历史起点上打开了事业新局面。加强思想建设，就必须认真学习习近平总书记系列重要讲话，用发展着的马克思主义武装全党、指导实践。党的十九大要求，用习近平新时代中国特色社会主义思想武装全党。把坚定理想信念作为党的思想建设的首要任务，教育引导全党牢记党的宗旨，挺起共产党人的精神脊梁，解决好世界观、人生观、价值观这个“总开关”问题，自觉做共产主义远大理想和中国特色社会主义共同理想的坚定信仰者和忠实实践者。弘扬马克思主义学风，推进“两学一做”学习教育常态化制度化。

廉政梆子戏《平安是福》精彩上演

宿州重视建设学习型党组织，不断强化思想理论武装。作为一名党员干部，是“先进一辈子”还是“先进一阵子”，关键看是否有坚定的理想信念。党员干部的理想信念不会因为党龄的增长而必然增强，个人的思想境界也不会因为职务的升迁而自然提升，必须终其一生、不懈努力。这就要求我们，一是要增强《党章》意识，经常性地把《党章》拿出来看一看、学一学、照一照，时刻提醒自己在任何时候、任何情况下，都要严格按照《党章》要求规范言行，自觉把《党章》规定的义务内化于心、外化于行。二是要坚定“四个自信”，自觉把学理论摆在重要位置，下决心减少应酬多读书，每天学一会、每月读一本、每年系统研读几本经典著作，学深悟透中国特色社会主义理论体系，特别是习近平总书记系列重要讲话精神，全面增强道路自信、理论自信和制度自信，真正以党的最新理论成果武装头脑、提升能力。三是要站稳政治立场，始终牢记自己的第一身份是共产党员、第一职责是为党工作，在重大价值取向上要旗帜鲜明，在重大原则问题上要旗帜鲜明，在重大考验面前要旗帜鲜明。

为更加扎实推进党的思想建设，我市把“三严三实”“两学一做”常态化制度化专题教育融入领导干部经常性学习教育，在中心组学习、三会一课等活动中列入“三严三实”“两学一做”相关内容。把深入学习习近平总书记系列重要讲话精神作为学习教育的重中之重，注重读原著、学原文、悟原理，领会精神要义，掌握精神实质；把学好党章摆上重要位置，真正使党章内化于心、外化于行；把学习党的纪律规作为一项重要内容，不断强化纪律意识、规矩意识。在抓好学习教育的同时，解决实际问题，引导领导干部把问题意识、问题导向贯穿“三严三实”和“两学一做”常态化制度化专题教育的全过程，认真找差距、找不足、查漏洞，做到边学边查边改，在专题教育中解决问题，切实增强专题教育的实效性。此外，围绕五大发展理念和全市经济社会发展需求，实行“菜单培训”，认真落实领导干部上讲台制度，创办“宿州大讲堂”。

宿州大讲堂

如今，学习型党组织建设在宿州扎实推进。围绕五大发展理念和全市经济社会发展需求，市委常委会带头学习，先后 30 次召开中心组学习会、集中研讨会、专题报告会，中心组学习次数居全省兄弟市首位。市委党校成立“习近平总书记系列重要讲话研究中心”，组织开展各类宣讲 3000 多场次，积极推进习近平总书记系列重要讲话和“四个全面”战略布局进课堂、进教材、进头脑、进基层。认真落实《关于建立领导干部上讲台制度的实施意见》制度的执行，2017 年全年市直单位举办讲座 950 场次，受训人数 15000 人次。县区举办讲座 3353 场次，受训人数 47227 人次。邀请国内知名专家 30 多人做客“宿州大讲堂”，受训 20000 多人次，有效提升了干部队伍综合素质和服务发展能力。制发《关于在全市开展“建设学习型党组织、打造书香机关”活动的通知》，在领导干部中开展读书、荐书活动，营造“爱读书、读好书、送经典”的书香氛围。譬如，市政府办公室努力打造“书香机关”，给每名党员发放《习近平论治国理政》《“四个全面”党员干部读本》《十八大以来廉政新规定》《风范——老一辈革命家“三严三实”事例选》等20余本学习辅导材料，并采取举办讲座、座谈会等形式，开拓党员视野，提高学习效果。以支部为单位，开展“宿州要发展，我要怎么干”“我负责、我来办、马上办”“做官、做事、做人”等专题讨论。在抓好学习教育的同时，解决实际问题，引导领导干部把问题意识、问题导向贯穿“三严三实”和“两学一做”常态化制度化专题教育的全过程。

“以案释纪”巡讲活动

宿州还利用红色资源进行党性教育。市委主要领导带领市四大班子领导干部及内设机构副处级以上干部、党建工作领导小组全体成员先后多次到小岗村学沈浩、到双堆集学先烈，示范带动了全市1100余名副处级以上干部到双墩集烈士陵园过组织生活，到萧县蔡洼、市彭雪枫纪念馆、泗县江上青烈士陵园、市党风廉政建设教育中心四个有影响力的党性教育基地接受党性教育。开展“以案释纪”送纪下乡巡讲197场，编印《把纪律挺在前面》口袋书2万份，制作35名基层党员干部的25起典型案例展板，举办全面从严治党“两个责任”培训班等系列警示教育活动，3.3万名市县区直单位、乡镇及村级、卫生和教育系统等基层党员干部接受了教育。

除了学理论、学党史，我市还深入开展向群众学习，向实践学习，坚持党的群众路线和理论联系实际的马克思主义学风。我市要求各级领导干部既要吃透上情，又要经常深入基层调研，理解群众意愿，熟悉本地情况，摸准下情；还要把上级精神和本地实际有机结合起来，因地制宜，改革创新，努力走出一条符合宿州实际的发展路子。

（2）突出抓好集中整治，着力解决作风方面重难点

集中整治突出问题是作风建设的重要抓手。坚持什么问题最突出，就先整治什么问题。按照中央八项规定的要求，结合宿州本地实际，切实查找作风问题的病情所在，对症下药，着眼于正文风、改会风，转作风、树新风，着力整治庸懒散奢等不良风气，切实以“四风”整治为抓手，以治庸提能力、以治懒增效率、以治散正风气、以治奢树威信。坚持一年一个重点、一个阶段一个领域开展集中整治，积小胜为大胜，以突出问题整治带动作风建设全局工作的开展。几年来，通过驰而不息正风肃纪，推动中央八项规定精神落地生根，宿州市风气得到根本性好转，干部的作风有了明显的提振。

持之以恒纠正“四风”。坚持经常抓、抓经常，看住重要节点，聚焦“关键少数”，紧盯享乐奢靡和隐形变异的不正之风，从严查处公款送礼、公款吃喝、公款旅游、乱发津补贴、出入私人会所等问题。组织开展“杜绝‘红包’现象，纯洁人际关系”、违规建房和多占住房问题治理、办公用房清理和公车改革等专项行动，部分长期存在的顽症痼疾得到有效治理。2013年以来，市纪委对107起典型问题通报曝光，形成强大震慑。

深入开展突出问题专项治理。针对作风不实问题，推动开展了“削文山、填会海、晒日志”“一把手答五问”和“三集中、三到位”等系列活动。聚焦精神状态不佳问题，持续推进“点燃激情、提升效能”系列活动。注重解决“中梗阻”“基层板结”问题，打造效能建设“升级版”。开展“4+4”专项整治，重点查处党政机关和领导干部违规经商办企业、私设“小金库”“酒桌办公”等问题，在“小金库”专项治理中实行拉网

式排查，给予纪律处分 5 人，移送司法机关 3 人。

严查群众身边的不正之风和腐败问题。对重点发生在民生工程、“三资”管理、土地征收领域的吃拿卡要、与民争利、办事不公等问题进行严肃查处，给予党纪政纪处分 1117 人，移送司法机关 93 人。在全市持续开展“低保、扶贫资金、危房改造资金、农村三资管理”四个专项治理活动，党风政风明显改善，民风社风为之一新。严肃开展扶贫和环保领域问题问责追责，群众长期反映的一些热点难点问题得到有效解决。

（3）建立完善制度，形成作风建设的关键点

作风反映制度，制度影响作风。完善制度可以更好的规范党员干部行为，引导党员干部自觉形成抵御歪风邪气的堡垒，用制度固化作风建设效果，形成长效机制，是加强作风建设的重要任务。宿州市根据当下的时代环境和现实实际，不断完善关于作风建设的制度规定，增强制度的针对性和可操作性，确保作风建设有章可循。完善领导班子监督管理制度，保障科学决策、民主议事，防止独断专行。完善组工干部联系市管领导班子制度，从经常联系、深入了解、互动交流上用力。把作风状况作为领导干部考核和选拔任用的重要依据，褒奖重用那些作风过得硬、群众信得过的党员干部，防止“带病提拔”、“带病上岗”，进一步形成正确的政绩导向、行为导向和用人导向。加强对制度执行情况的监督检查，严肃查处违反制度通过扎紧制度的笼子来荡浊扬清、引领清风正气。

严格落实“两个责任”等相关制度。实施《关于落实党风廉政建设党委主体责任和纪委监督责任的意见》，配套出台考核、约谈、述廉述责、接受评议和责任追究等实施办法，形成实施“两个责任”“1+5”制度体系，真正将软任务变为硬指标。制定全程记实手册，先后与县区党政正职、市直单位主要负责人等开展谈心谈话近千人次，并形成每年两次与新任县处级干部集体廉政谈话制度，进一步压实责任。严格考核问责，坚决实行“一案双查”，先后有一百余名领导干部被追责，倒逼主体责任的落实。

在干部队伍制度建设方面。宿州市委按照习近平总书记提出的好干部 20 字标准和新修订的《干部任用条例》，先后出台《关于贯彻好干部标准，建立科学有效选人用人机制的意见》《推进领导干部能上能下实施办

法》《关于落实全面从严治党要求，有效防范干部“带病提拔”的意见（试行）》等文件，着力构建有效管用、简便易行的干部选任与管理长效机制。严格进行干部任前考察，防止“带病提拔”，2014 年以来有 50 余名干部被终止动议或不予任用。

从严监督管理干部制度建设方面。重点做到“六必谈”，即提拔任职必谈，职务调整必谈，考核反馈必谈，班子不协调必谈，工作滑坡必谈，有信访反映必谈，及时对出现苗头性、倾向性问题的干部“咬咬耳朵、扯扯袖子”，做到早发现、早提醒、早纠正。此外，重视正面典型的教育意义，组织开展正面典型人物学习活动。

健全完善领导班子、领导干部考核评价体系和综合分析研判机制。坚持“四个在先”，落实“凡提四必”，干部选拔任用工作满意率连年提升，2015 年度位居全省前列。在全省率先圆满完成县区和乡镇党委换届任务，连续三年从重点高校选拔近百名高层次青年人才来宿挂职，领导班子和干部队伍结构进一步优化。统筹推进“四个全覆盖”，连续两年开展全市科级干部大交流，132 名科级干部跨区域、跨部门交流任职，458 名干部内部轮岗交流。在全省率先建立并落实“三级联述联评联考”制度。全力推进基层党建“3456”行动计划，大学生村官量化管理、基层党组织建设和党员星级创评工作经验在全省推广。

近年来，宿州干部选拔任用与监督管理制度落实方面相继被一些主流媒体报道。选人用人工作总体评价满意度，2014 年、2015 年度分别位列安徽省第三名（96.9%）、第二名（98.87%）。2016 年春，宿州在全省率先完成乡镇党委换届工作，且没有发生一起违纪事件，未出现一例信访，实现了“零投诉”“零信访”。

总的来说，宿州在安徽省率先启动党的群众路线教育实践活动、“三严三实”和“两学一做”专题教育，扎实推进，在作风建设上取得显著成效。党的群众路线教育实践活动期间，安徽省委授予 5 人“优秀共产党员”称号，宿州有两人入选。中央督导组和省委领导称赞宿州教育实践活动“标准定得高、尺度把得严，质量高、效果好”。宿州开展“三严三实”专题教育，以“三聚焦三查找三确保”为引领，以“五抓五促”为主线，以“三专项一提升”行动为抓手，突出书记带头、以上率下，带动全市县处级以上干部开展党课“互学互讲”1207场，在全省率先完成四个专题调研，实现专题教育覆盖基层、查找问题深入基层、教育成效带动基层。这些做法被省委协调小组向省委常委会作专题汇报，在全省作交流发言，并在中组部《组工信息》《共产党员网》《安徽日报》《安徽省“三严三实”专题教育工作通报》等刊载。“两学一做”学习教育扎实推进，践行“四讲四有”，切实增强广大党员干部“学”的主动性、“做”的执行力。党的思想政治建设抓在日常严在经常。有效掌控意识形态阵地，主流思想舆论强劲有力。的行为，提高制度执行力，使各项制度真正成为党员干部改进作风的刚性约束。

3. 抓基层党建夯实党的执政基础，固本强基支撑新发展

党的十八大以来，习近平总书记对农村基层党建工作多次作出重要指示，贯穿其中的核心思想就是，无论农村经济社会结构如何变化，无论经济社会组织如何发育成长，农村基层党组织的领导地位不能动摇，战斗堡垒作用不能削弱。突出党的领导核心地位，是坚持党在农村领导地位的内在要求，是实现农村经济社会健康发展的根本保证，也是抓好农村基层党建之魂，必须牢牢把握、聚焦聚力，紧紧围绕这一主线，全面提升农村基层党建工作水平，为推动农村改革发展、促进农村经济社会进步，提供坚强保证和有力支撑。

截至2017年底，宿州常住农村人口330.59万，占全市常住人口总数58.44%。全市农村党员近14万，占全市党员总数的一半以上。俗话说“上边千条线，下边一根针”，“基础不牢，地动山摇”。协调推进“四个全面”战略布局，贯彻落实五大发展理念，都与农村工作密切相关，都与农村基层党建紧密相连。

随着“三农”工作内外部环境发生深刻变化，农村基层党建工作也面临着许多新问题新挑战。我市从外部环境看，农村组织形式更加多样，有效做好各类组织的引领和协调工作迫在眉睫；社会阶层更加多元，妥善处理好不同阶层、群体、群团的利益关系和利益诉求至关重要；人口流动更加频繁，认真做好流动人口、流动党员的管理服务工作更加迫切；社会矛盾更加凸显，及时化解各类不安定因素、维护农村社会大局稳定是重中之重。这些新变化新挑战都给农村基层党组织提出了新的更高的要求。

2015年6月上旬，全国农村基层党建工作座谈会在杭州召开。安徽省委随后召开全省农村基层党建工作会议，提出了“六个目标”，即建设坚强有力的领导班子、打造本领过硬的骨干队伍、建成功能实用的服务场所、创新形式多样的活动载体、形成健全完善的制度机制、创造群众满意的工作业绩。我市提出狠抓落实，不断夯实党在农村的执政基础，推动农村基层党建工作在新形势下取得新成效、实现新发展。我市把基层党建看作农村各项工作的“总开关”，要求必须增强看齐意识、凝聚共识共为；基层党组织是党在农村的“桥头堡”，必须聚焦功能定位、彰显核心作用；问题导向是基层党建工作的“源动力”，必须善于攻坚克难、推动整体提升；落实责任是基层党建工作的“牛鼻子”，必须强化使命担当、统筹推动落实。

全市抓党建促脱贫暨基层党组织标准化建设工作推进会

结合党的群众路线教育实践活动、“三严三实”专题教育和“两学一做”学习教育，宿州市在加强农村基层党建方面已进行了一些积极探索和实践，积累了一些有益经验。

科学制定基层党组织建设计划。宿州市按照中央和省委要求，并结合自身实际，研究制定了基层党组织建设“3456计划”，即从2015年起，利用3年时间，选优配齐配强市、县区、乡镇（街道）和村（社区）基层党组织建设工作者 4 支队伍，大力实施基层党组织建设责任强化工程、示范引领工程、载体推动工程、规范提高工程和整体推进工程 5 大工程，努力在村（社区）干部待遇提高落实、村（社区）活动场所建设、村（社区）工作经费保障、村级集体经济发展、基层党组织制度落实、扩大宣传影响 6 个方面实现突破。强化基层党组织整体功能，全面提升基层党建工作的科学化、规范化水平，充分发挥政治引领作用，打造我市基层党建品牌。

探索完善基层党组织设置形式。统筹推进农村、城市社区、非公经济、社会组织、老干部队伍以及其他各领域基层党组织建设，实现党组织和党的工作全覆盖。推进基层党组织工作创新，找准农村、企业、城市社区和机关学校、新社会组织等基层党组织发挥作用着力点，不断扩大党员参与面。

着力构建强有力的班子和队伍。围绕坚强有力的领导班子、本领过硬的骨干队伍、功能实用的服务场所、形式多样的活动载体、健全完善的制度机制、群众满意的工作业绩“六有”要求，深化基层服务型党组织建设，完善为民服务全程代理、“双培双带”先锋工程等服务载体，扎实开展创建党员示范岗、党员责任区等活动，全面提升基层党组织服务能力。加强乡镇党委书记和村党组织书记领导力的培育，大力弘扬“钢筋”精神，争做“负重支撑、凝浆固土、坚韧不拔、永不生锈”的“钢筋”，力争当好“五官”，一是争当履职尽责的“主心官”，二是争当推动发展的“理事官”，三是争当依法办事的“公平官”，四是争当模范带头的“先锋官”，五是争当克己奉公的“廉洁官”。

坚持突出政治功能强化服务能力。以基层党组织标准化建设为统领，推动各领域基层组织建设全面加强。开展基层党建“万名干部大调研”，制定出台《关于加强村级党组织建设的十三条意见》。顺应农村经济社会发展需要，找准基层党建与脱贫攻坚结合点，调整优化党组织设置，分类设置特色党支部，探索推行“支部加协会”、“协会带农户”党建模式。深入推进非公企业和社会组织党组织集中组建“百日攻坚”、“集中组建推进月”、“两个覆盖”专项行动等系列活动，实行党组织组建县级备案制、半月通报制和定期督查制，全市独立法人非公企业党组织单独组建率达 65.79%，社会组织党组织覆盖率达 83.59%，居全省前列，经验做法在全省基层党建重点任务推进会上作典型发言，中组部《组工信息》刊发推介。

狠抓责任落实持续强化保障。我市发布《进一步加强基层党组织建设的实施意见》《基层党建工作三个清单》（即问题清单、任务清单、责任清单）。坚持每两个月召开一次全市基层党建工作例会，市县乡三级党委书记全程参会，实施重点工作项目化推进。认真开展县乡村三级党组织书记抓基层党建工作述职评议考核和县区、园区年度基层党建工作考评，集中对全市乡镇（街道、园区）党（工）委书记进行党建业务集中闭卷测试，市委书记亲自巡考，1 名镇党委书记因补考不及格被取消提拔资格，有效强化了基层党建主业、主体、主阵地职责。制定出台《农村基层党建保障工程三年行动计划》等系列文件，建立健全基层党组织经费保障制度和村（社区）干部报酬正常增长机制。按照不低于当地农村常住居民人均可支配收入 2 倍的标准，重新审核确定村“两委”正职基本报酬，并按照星级创评结果，合理确定绩效报酬。将基层党建经费纳入市级财政预算，每年市财政下拨 8 千余万补助资金，引导县区聚焦重点难点、加大资金投入，全面提升全市基层党建保障工作水平。2017 年，全市村、社区“两委”正职年平均报酬分别达到 23800 元、38400 元，较 2013 年增长近一倍，村（社区）服务群众专项经费全面落实，村（社区）活动场所年底前全面达标。全市 3. 8 万名离任村干部生活补助全部按时规范发放到位，在职村干部全部办理基本养老、医疗和人身意外伤害保险，持续扩大城镇职工养老保险覆盖面。强力推进乡镇机关“五小”设施建设，94 个乡镇全部验收合格，并实现科学规范管理。

聚力脱贫攻坚强化党组织和党员的服务职责。围绕发挥贫困地区农村基层党组织在打赢脱贫攻坚战中的作用，集中选派 359 名副处级以上党员领导干部到贫困村担任“脱贫攻坚第一书记”，实行“五帮五促”（帮建强党组织、促基层党组织活力转化为发展动力，帮群众致富、促实现精准脱贫目标，帮理清思路、促任职村集体经济超过 5 万元，帮协调落实、促基础设施建设，帮化解矛盾、促和谐稳定），建强基层党组织，实施精准扶贫，承诺贫困村不出列、“脱贫攻坚第一书记”不撤回，贫困户不脱贫、“脱贫攻坚第一书记”工作不脱钩。树立在扶贫一线立体式发现使用干部的鲜明导向，建立扶贫干部动态绩效档案，全市先后有 114 名选派干部在扶贫一线被提拔重用，81 名选派干部挂任乡镇领导班子职务，9337 名自然村扶贫小组长中 757 人被列为入党积极分子、1116 人被列为村级后备干部、418 人被列为村“两委”换届人选。持续强化作风建设，扎实开展脱贫攻坚作风建设年活动，严厉查处扶贫领域不作为、乱作为和“微腐败”。截至 2018 年 4 月底，全市排查扶贫领域问题线索 156 件，立案查处 86 件，处理 96 人，其中给予党纪政务处分 85 人，组织处理 11 人。坚持派需结合、因村定人，原则上，每个贫困村的选派第一书记、副队长、扶贫专干为同一单位或同一系统，凝聚起选派帮扶的强大合力，确保脱贫攻坚任务如期完成。这一做法得到省委领导批示肯定，并被国务院《扶贫信息》、中组部《组工信息》、安徽省委办公厅《安徽信息》专题推介。

2015 年 9 月 25 日，安徽全省农村基层党建工作会议代表在灵璧县观摩，对宿州经济社会发展和农村基层党建工作取得的成绩给予了充分肯定。新华社《内参选编》、中组部《党建研究》以及《中国组织人事报》《安徽日报》，相继对宿州农村基层党建工作进行了报道或介绍。

4. 抓为官不为激励奋发有为，凝聚人才推动新发展

习近平总书记在 2016 年 1 月 18 日省部级主要领导干部学习贯彻党的十八届五中全会精神专题研讨班上的讲话中指出，总的看我们的干部队伍素质不断提高、结构明显改善，但是一个突出问题是部分干部存在一定程度的“为官不为”。为官之本，在于为官一任、造福一方。然而，有些官员不把人民放心上，在灵魂深处已经忘记了全心全意为人民服务的根本宗旨，滋生“为官不易”的思想，只想当官爷不想做公仆，只想要官权不想担官责，只想要官绩不想谋民福，遇到矛盾往上交，碰到困难绕道走。但如果任由这种“为官不为”的现象枝繁叶茂，损害的是政府公信力，败坏的是党员干部形象，改革发展大计必受其害，将危及全面建成小康社会乃至实现伟大“中国梦”之全局。

进入新时代，展现新气象，要有新作为。在全面从严治党背景下，我市仍然出现少数领导干部因为规矩严、管得紧、查得频繁而感到不自在，出现了不想干事、不愿干事的现象，以所谓“表面干净、规矩办事”掩盖实质的“为官不为”甚至“为官乱为”。主要特征表现为：一是表面看充

“利剑”高悬　（徐　骏　新华社发）

满激情，实际上萎靡僵化。二是表面看积极进取，实际上花拳绣腿。三是表面看中规中矩，实际上不敢担当。四是表面看目标高远，实际上好高骛远。五是表面看雷厉风行，实际上落实乏力。六是表面看遵规守纪，实际上自由散漫。

作为领导干部，不为是耻辱，有为是本分。当前，宿州正处在加快发展的攻坚期、转型升级的关键期、深化改革的“深水区”，越是这个时候，越要迎难而上，越要敢于担当。我们唯有担当，才能追赶；唯有实干，才能跨越。如果只顾做“圆滑官”“老好人”，必然严重阻碍发展、贻误事业。各级党员干部特别是领导干部，必须把敢于担当、为官有为、为官作为摆在首位，切实以“作为指数”兑现“落实指数”，以“辛苦指数”换取“幸福指数”，决不让自己的“责任田”成为“撂荒地”，“歉收”也不行。强化责任担当、做到为官有为，关键要把握好三个方面：一是重守土、敢担当，不当“太平官”；二是重执行、快推进，不当“两面人”；三是重落实、真见效，不当“浮萍草”。

针对少数人存在的“为官不为”现象，我市提出“狠抓落实，实干兴宿”。

一是在传导压力、动真碰硬、点燃激情抓落实上见真效。加快发展没有拉拉队，没有观光客，人人都是参与者，人人都是当事人，勇于担当、身先士卒，推动宿州改革发展各项事业干在实处、走在前列。大力弘扬敢于担当、敢于负责的“亮剑”精神、“阵地”精神，勇于直面改革发展稳定中的热点难点焦点问题，做到压力大、激情更大，挑战多、办法更多，竞争强、意志更强，真正以实干作为彰显宿州干部的鲜明特质。

二是推进领导干部能上能下，重点解决干部能下问题。加强不合格党员退出机制建设，促进党员干部队伍的新陈代谢。巩固扩大党代表大会常任制和党代表任期制成果，充分发挥党代表作用。不断深化干部人事制度改革、组织制度改革、人才发展体制机制改革。实行全程跟踪督查机制，健全问责机制，确保让铁规发力，让禁令生威，不断强化制度的刚性约束和惩戒作用，推动管党治党从宽松软向严紧实转变。

三是严格按照好干部标准，注重培养选拔政治强、懂专业、善治理、敢担当、作风正的领导干部。加强和改进年轻干部、女干部、少数民族干部、党外干部培养选拔工作，不断优化领导班子结构。深化干部人事制度改革，规范动议行为和提名程序，坚持干部选任“四个在先”，完善挂职、交流等干部制度。建立健全有利于推动科学发展的目标体系、考核办法，切实做到优进庸退、能上能下，始终保持干部队伍的蓬勃活力。

四是从严管理干部，实行对关键岗位干部重点管理。坚持党政正职任中审计和离任必审，强化审计结果运用。严格执行领导干部个人有关事项报告制度，认真落实谈话、函询、诫勉等制度。实行选人用人重点指导制度，切实加强干部监督。

五是建立巡察工作机制，发挥巡察监督的作用。设立巡察办，成立 3 个巡察组，健全市委巡察组长库和 127 人的巡察工作人员库。畅通巡察机构与纪检、组织、政法、审计等部门的协作机制。推动动巡察工作制度化和规范化，制定实施《关于开展党风廉政建设巡察工作的实施意见》，各县区均成立了巡察机构并开展工作，形成上下联动同步巡察的格局，推动巡察工作夯实基础、稳扎稳打。

灵璧县监察委员会正式挂牌

六是深入开展突出问题专项治理，推动中央八项规定精神落地生根。针对作风不实问题，推动开展了“削文山、填会海、晒日志”“一把手答五问”和“三集中、三到位”等系列活动。聚焦精神状态不佳问题，持续推进“点燃激情、提效能”系列活动。注重解决“中梗阻”“基层板结”问题，打造效能建设“升级版”。开展“4+4”专项整治，重点查处党政机关和领导干部违规经商办企业、私设“小金库”“酒桌办公”等问题，给予党纪政纪处分 152 人。

七是持之以恒纠正“四风”，进一步转变党风政风。坚持经常抓、抓经常，看住重要节点，聚焦“关键少数”，紧盯享乐奢靡和隐形变异的不正之风，从严查处公款送礼、公款吃喝、公款旅游、乱发津补贴、出入私人会所等问题。组织开展“杜绝‘红包’现象，纯洁人际关系”、违规建房和多占住房问题治理、办公用房清理和公车改革等专项行动，部分长期存在的顽症痼疾得到有效治理。2013 年以来，全市共查处违反中央八项规定精神问题 490 起，处理 592 人，给予党政纪处分 555 人。市纪委对 107 起典型问题通报曝光，形成强大震慑。

八是完善督查考核，强化考核结果运用。对实绩突出的要大张旗鼓褒奖，对为官不为、懒政怠政或台上说一套、台下做一套的干部，要从严查处。颁布了《关于开展强化责任担当、认真解决懒政怠政问题专项行动方案》和《关于开展强化为民服务、认真解决群众反映的突出问题专项行动方案》。同时全面落实“两个责任”，认真履行“一岗双责”，党风廉政建设责任制得到层层落实。进一步强化全委会决策和监督作用。推进公共决策民主化，完善深入了解民情、充分反映民意、广泛集中民智的决策机制。

同时我市在抓“不为”的同时要求“有为”，提出进一步解放思想，解放思想是一个永恒的主题，提出要把产业园区打造成思想解放的先行区。把解放思想，由过去的“敢不敢”，强调“摸着石头过河”，边实践边探索、边纠偏边改进变成当下的“会不会”、“好不好”的问题，要有“杀出一条血路”的胆识，更要有科学的态度、求实的精神和法治的思维，冲破各种陈旧观念、思维定势和利益藩篱，真正以思想解放的深度拉升我市建设的高度。

党的十八大以来，宿州市紧紧围绕“五位一体”总体布局和“四个全面”战略布局，按照中央和省委部署，向主业主责聚焦、为改革发展聚力，以使命担当的精神、改革创新的勇气和脚踏实地的作风推动五大发展美好宿州更上新台阶，为决胜全面建成小康社会、实现社会主义现代化贡献新力量。

（四）全面从严治党的宿州经验

党的十八大以来，宿州市严格按照中央和省委部署，严明党的纪律和规矩，聚焦主责主业，勇于履责担当，着力营造风清气正的发展环境和“山清水秀”的政治生态，以使命担当的精神、改革创新的勇气和脚踏实地的作风推动全面从严治党，为各项事业发展提供了坚强的组织保证，为建设五大发展美好宿州打下坚实基础。宿州市全面从严治党的经验在于以下几个方面。

坚决维护党中央权威和集中统一领导。中国共产党的领导，是中国革命、建设、改革不断取得胜利最根本的保证，是中国特色社会主义最本质的特征，是中国特色社会主义制度的最大优势。党的十八大以来，党中央全面加强和改善党的领导，巡视聚焦是否坚持党的领导，问责首问党的领导弱化。习近平总书记在党的十九大报告中指出：“保证全党服从中央，坚持党中央权威和集中统一领导，是党的政治建设的首要任务。”5 年来，宿州市严格按照中央和省委要求，推动全面从严治党，坚决维护党中央权威和集中统一领导，和中央保持步调一致，中央要求的坚决执行，中央禁止的坚决杜绝，牢固树立“四个意识”，坚定“四个自信”，坚决“两个维护”，全面贯彻执行党的理论和路线方针政策，把忠诚核心、拥戴核心、维护核心的要求转化为思想自觉、党性观念、纪律要求和行为规范，建设风清气正、纪律严明、奋发向上的组织队伍，为宿州市的全面从严治党打下坚实基础。

坚持推进政治建设、思想建设、组织建设、作风建设、纪律建设，把制度建设贯彻其中，深入推进反腐败斗争，不断提高党的建设质量。党的建设是一项系统工程，尤其要把党的政治建设摆在首位，用好纪律建设这个管党治党的治本之策。加强正确的理论指引，强化组织支撑和作风建设，把制度建设贯彻其中。宿州市把政治建设摆在首位，以思想建设为核心，以组织建设为基础，以作风建设为抓手，以纪律建设为治本之策，把制度建设贯彻其中，推动宿州市全面从严治党。不断强化政治信念思想理论武装，坚持以习近平新时代中国特色社会主义思想为指导，结合宿州实际，用习近平新时代中国特色社会主义思想武装头脑、指导实践、推动工作。不断加强组织建设，围绕选人用人，聚焦严实并重，突出选贤任能，打造高素质干部队伍。不断加强作风建设，严格按照中央指示精神，持之以恒反“四风”，驰而不息正风肃纪，推动中央八项规定精神落地生根，党风政风得到好转。把制度建设贯穿其中，不断提升政治建设、思想建设、组织建设、作风建设和纪律建设的层次性，将其根据宿州实际进行制度化、规范化。

坚持聚焦强基固本，树牢基层导向，筑牢坚强战斗堡垒。5 年间，宿州市基层组织建设顺应发展需要，紧紧围绕“六有”目标，强化责任落实、打造骨干队伍、夯实基层基础，推动基层党的组织建设全面提升、全面过硬，推动全面从严治党向基层延伸。连续 17 年开展“大党建”综合考评；深化县乡村三级基层党建"联述联评联考"，落实项目化推进机制，制定基层党建工作"三个清单"，实行挂图作战、项目化推进。坚持每周一党建工作例会、坚持每两个月1次基层党建现场会，持续传导压力、跟进落实。

坚持突出政治功能、强化党组织的服务功能。以基层党组织标准化建设为统领，推动各领域基层组织建设全面加强。制定出台《关于加强村级党组织建设的十三条意见》。找准基层党建与脱贫攻坚结合点，调整优化党组织设置，分类设置特色党支部，探索推行"支部加协会""协会带农户"党建模式。深入推进非公企业和社会组织党组织集中组建"百日攻坚""集中组建推进月"等。

坚持统筹推进组织和制度创新，逐步完善反腐败领导体制和工作机制。层层压实"两个责任"；实施《关于落实党风廉政建设党委主体责任和纪委监督责任的意见》，配套出台考核、约谈、述廉述责、接受评议和责任追究等实施办法，形成实施"两个责任""1+5"制度体系，真正将软任务变为硬指标。严格考核问责，坚决实行"一案双查"倒逼主体责任的落实。

持续深化"三转"。扎实推进派驻机构统一管理，设立派驻纪检组（纪工委）27家，实现对市一级党和国家机关派驻监督全覆盖。出台县区纪委、派驻纪检组、市管企事业单位纪委书记（组长）、副书记（副组长）提名考察办法。完成市、县区纪检监察机关内设机构调整，较好地解决了职能越位、错位、缺位的问题。

扎实推进纪检体制改革。制定实施《派驻纪检组履行监督职责实施细则》《关于派驻纪检组组长约谈驻在部门党员干部的暂行办法》，起草市纪委派驻机构执纪规程，不断强化对驻在部门纪律审查和执纪监督工作。乡镇纪委书记全部实现专职，推进基层纪委聚焦主责主业。设立乡镇纪检监察工作室24个，进一步解决了基层纪检监察工作力量不足、精力分散、同级监督难等问题，为宿州市全面从严治党做好坚强保障。

坚决贯彻落实十九大战略部署，扎实推进国家监察体制改革试点工作。自国家监察体制改革试点工作启动以来，宿州市委坚持把抓好监察体制改革作为贯彻落实党的十九大精神的重大举措，作为向习近平同志为核心的党中央看齐的实际行动，把加强党的领导贯穿改革试点工作全过程，以“系统化构思、项目化推进、制度化落实”推进国家监察体制改革试点工作。市委书记担负起“施工队长”的职责，对改革试点工作亲自部署，亲自把关，亲自协调，亲自督办。市纪委履行专责，牵头抓总，按照市委制定的时间表和“施工图”，倒排工期、严格施工、市县（区）联动，确保改革进度安排、节点把握严丝合缝。全市上下形成党委统一领导、纪委牵头落实、部门各负其责、合力协同推进的工作格局。2018 年 1 月 9 日上午 10 时 55 分，宿州市监察委员会正式挂牌成立。市委书记史翔，市委常委、纪委书记、市监察委员会主任叶莉共同为市监察委员会揭牌。至此，宿州市及 5 个县（区）监察委员会全部挂牌成立。

打铁必须自身硬。东西南北中，党政军民学，党是领导一切的。在坚持创新、协调、绿色、开放、共享的五大发展理念的宿州实践中，全市各级党组织和广大党员干部要更加紧密地团结在以习近平同志为核心的党中央周围，高举中国特色社会主义伟大旗帜，深入学习宣传贯彻习近平新时代中国特色社会主义思想和党的十九大精神，坚决贯彻落实党中央和省委决策部署，不忘初心、牢记使命，以永不懈怠的精神状态和一往无前的奋斗姿态，始终同全市人民想在一起、干在一起，为全面建成小康社会、全面开创现代化五大发展美好宿州建设新局面而奋斗！